Udo Kittler
Friedhelm Munzel

# Lesen ist wie Wasser in der Wüste

Das Buch als Begleiter
auf dem Lebensweg

Herder Taschenbuch Verlag

Originalausgabe
erstmals veröffentlicht als Herder-Taschenbuch

Buchumschlag: Walter Emmrich

Alle Rechte vorbehalten – Printed in Germany
© Verlag Herder Freiburg im Breisgau 1989
Herder Freiburg · Basel · Wien
Herstellung: Freiburger Graphische Betriebe 1989
ISBN 3-451-08646-8

FÜR URSULA
UND
INGEBORG

# Inhalt

# Vorwort

> „Nur wer lesen kann, ist imstande,
> eigentlich zu hören und zu sehen,
> überhaupt etwas zu gewahren ..."
>
> *Martin Heidegger*

Das mag für viele übertrieben klingen. Aber über die fundamentale Bedeutung des Lesens in der Persönlichkeitsentwicklung des Menschen, zur Bereicherung des Lebens und als Hilfe in schweren Stunden gibt es keinen Zweifel.

Mit diesem Taschenbuch legen wir unsere vielfältigen Erfahrungen mit dem Lesen vor. Durch unsere Arbeit mit Büchern in Seminaren, in der Gemeindearbeit, in der Seelsorge und aufgrund eigener Lese-Erlebnisse entstand eine bunte Palette. Die ausgewählten Bücher, Geschichten, vereinzelt auch Gedichte, orientieren sich an der Entwicklung des Menschen. Die Anregung zu der Einteilung der Kapitel nach Funktionen von Geschichten haben wir indes Nossrat Peseschkian* zu verdanken.

Ein wichtiges Anliegen ist uns der bibliotherapeutische Aspekt, die Heilkraft des Lesens. Gerade hier erweist sich das Buch als hilfreicher Begleiter auf dem Lebensweg.

Dortmund, im Februar 1989

*Udo Kittler, Friedhelm Munzel*

---

* Nossrat Peseschkian: Der Kaufmann und der Papagei. Orientalische Geschichten als Medien in der Psychotherapie, Frankfurt a. M. 1979 (Fischer TBV 3300).

# KAPITEL 1

# „Gut ist das Buch,
# das mich entwickelt"

## Bücher bringen weiter

Wenn ich in eine fremde Stadt komme, ob als Besucher oder als Urlauber, dann dauert es nicht lange, und ich weiß, wo die Buchhandlungen sind. Warum suche ich eine Buchhandlung auf und verbringe dort mehr Zeit als in anderen Geschäften? Sicherlich kaufe ich gern ein Buch. Sicherlich informiere ich mich gern über Neuerscheinungen. Ich liebe den Geruch, die Atmosphäre, auch den Reiz, einfach mal wahllos dort zu stöbern. Aber wenn ich es recht bedenke, so liegen die Gründe tiefer. Ich fühle mich auf seltsame Weise mit den Autoren verbunden, ich weiß, daß jedes Buch Wissen, Leben, Abenteuer und fremde Schicksale in sich birgt, an denen ich teilhaben, in die ich mich verstricken lassen möchte. Und vor allem: Ich habe erfahren, daß kein Buch ohne Folgen bleibt, daß Bücher mich weiterbringen, mein Leben bereichern, ja mich verändern.

Für jeden meiner persönlichen Entwicklungsschritte und für jeden Lebensabschnitt könnte ich ein Buch nennen, das dabei eine bedeutende Rolle spielte. Und manche Bücher begleiten mich durch alle Stationen meines Lebens hindurch: Sie verlieren ihren Reiz nicht, ich lese sie immer wieder. Sie aber verändern sich auch, erscheinen in einem neuen Gewande. Dennoch weiß ich, daß nicht das „Objekt" Buch sich ändert, sondern ich selbst es bin, der sich gewandelt hat.

Es waren aber nicht immer die Klassiker der Weltliteratur, die – einem wie auch immer entstandenen ästhetischen Prinzip zufolge – „wertvollen" Bücher, die mir besonders gefielen. Mit Leidenschaft las ich Karl May: Er erweiterte meinen Horizont, half mir aus der Enge heraus, ließ mich Abenteuer in einer fernen Welt lesend erleben. Mein Gespür für Geographie, für fremde Völker und deren Sitten und Gebräuche, ist nicht durch die Schule geschärft worden, sondern durch Karl May. In der Schule arbeiteten wir mit der Landkarte und mußten mühsam die Zeichen und Entfernungen, die Siedlungsdichte und die erdkundlichen Besonderheiten erschließen. Bei der Lektüre Karl Mays ritt ich selbst durch die Gegend und erkundete das Terrain. Fremde Menschen und Gewohnheiten wurden mir vertraut. Entgegen vielen Fehlinterpretationen hat die Landschaft bei Karl May keine untergeordnete, sondern eher eine tragende Funktion. Und bis heute ist nicht geklärt, wie es Karl May gelang, den Charakter einer Landschaft oder die Seele eines fremden Volkes zu erfassen. Wie gelang es ihm, die Leser in seinen Bann zu ziehen? War es der Einfluß seiner Großmutter, die eine begabte Erzählerin orientalischer Geschichten war? Bewirkte seine Blindheit bis zum fünften Lebensjahr eine innere Schau? Was bedeutete es, wenn er als verhinderter Pädagoge der „Lehrer seiner Leser" sein wollte? Erst später begriff ich, daß Karl May als literarisches Phänomen bibliotherapeutisch höchst interessant ist, und das nicht nur in den dramatischen Entwicklungsjahren zwischen zwölf und vierzehn.

Die Bücher Karl Mays haben mir also weitergeholfen, mich förmlich auf den Weg gebracht, und ich stimme Georg Brandes, einem dänischen Dichter zu, wenn er als wichtigsten Maßstab für ein gutes Buch gelten läßt: „Gut ist das Buch, das mich entwickelt!" Ausschlaggebend dafür, daß ein Buch Spuren hinterläßt, ist demnach nicht in erster Linie seine literarische Qualität – über solche Maßstäbe läßt sich bekanntlich streiten –, sondern das, was es in mir bewirkt. Seine Wirkung ist auch nicht so sehr von formalen Gegebenheiten abhängig als vielmehr von inhaltlichen, etwa von der Handlung, von bildhafter Sprache, den Symbolen und seiner Botschaft. Ich möchte damit auch das oftmals als „trivial" abgewertete Buch in Schutz nehmen, das in manchen Situationen eine echte Hilfe für den Leser sein kann. Wie anders könnte ich jener unbekannten Leserin gerecht werden, die mir noch gestern in der Straßenbahn gegenübersaß und sich, einen Trivialroman lesend, vom Streß des Arbeitstages erholte? Darf ich mich eines Besseren dünken als sie, weil ich gern auch Kleist, Hölderlin oder Dostojewski lese? Nein, und abermals nein: Sie folgte einem zutiefst inneren Bedürfnis und kaufte die „verlorene" Zeit in der Straßenbahn teuer aus.

Der „bibliodynamische Grundsatz" von Georg Brandes zeigt einmal an, daß die Buchauswahl immer individuell erfolgen muß. Dies ist auch aus bibliotherapeutischer Sicht wichtig, wenn wir nach dem gezielten Einsatz von Büchern in Heilprozessen fragen. Brandes weist andererseits aber auch auf einen Bereich hin, der noch größere allgemeine Gültigkeit beanspruchen kann: Lesen ist von elementarer Bedeutung für die Persönlichkeitsentfaltung des Menschen, für seine ganzheitliche Entwicklung.

In unserer Zeit kann das Lesen ein Gegengewicht bilden gegen die Vereinnahmung durch die „bequemen" Medien. Es kann helfen, geistig-seelische Schwerpunkte zu setzen, etwa zu gründlicher Auseinandersetzung mit einer Sache oder einem fremden Schicksal führen. Es kann Sammlung, Ruhe, Erholung, ja Muße schlechthin ermöglichen. Und da sich dies auch wohltuend auf den Körper auswirkt, ist Lesen als ein aktivierender Prozeß aufzufassen, der den Menschen im ganzen erfaßt.

## Lesen als Entwicklungsprozeß

Bevor Lesen Grundlage für eine Entwicklung sein kann, bedarf es selbst der Entwicklung. Um zu einem wirklichen Leser werden zu können, müssen zumindest drei Voraussetzungen erfüllt sein. Erstens muß das Zeichensystem der Schriftsprache mit dem Ziel des sinnentnehmenden Lesens erschlossen werden, zweitens muß Lesen als Vergnügen empfunden werden und Spaß machen, und drittens gilt es, das Lesen als aktive Alternative gegenüber dem übrigen Medienkonsum zu entdekken. Dies alles kann ein Kind nicht von sich aus, es braucht einfühlsame und geschickte Erzieher, die es – seinem Leistungsvermögen, seinen persönlichen Eigenarten und Interessen entsprechend – auf den Weg des Lesens bringen und ihm zu ersten Lese-Erlebnissen verhelfen. Am besten gelingt dies, wenn die Bezugspersonen selbst Leser sind und Bücher lieben, also im Hinblick auf das Lesen Vorbildcharakter haben.

Lesen kann bereits als Vergnügen empfunden werden, bevor ein Kind lesen kann. Durch Vorlesen und Erzählen hat das Kind elementar erfahren: Geschichten sind schön, Lesen macht Spaß. Nach Willi Fährmann sind Erzählen und Vorlesen Pfeiler für das spätere Lesen und als Zuwendungsformen durch nichts zu ersetzen. Wer erzählt, wer vorliest, nimmt sich Zeit, und es braucht nicht näher erläutert zu werden, was dies für das Selbstwertgefühl und Wohlbefinden des Kindes bedeutet. Die „Disposition" zum Leser kann demnach schon in der Familie grundgelegt werden. Sie ist aber weder Garantie noch notwendiger Bestandteil späterer Lesebereitschaft oder des endgültigen Leseverhaltens.

Neben der Familie hat die Schule wesentlichen Einfluß auf das „Leseschicksal" des Kindes. Macht man sich einmal klar, daß z. B. manche Schüler nach zehnjähriger Schulzeit oftmals kaum oder nur äußerst mühsam lesen können, ja, daß die Fälle von „Leseblockaden" zunehmen, so scheint man vor einem Rätsel zu stehen. Ist Lesen so schwer, oder sind die Schüler so leistungsschwach? Tatsache ist, daß Lesen in vielen Fällen schon wegen der technischen Mühsal beim Erlernen als anstrengend und langweilig empfunden und späterhin als Unlustmoment oder gar als Quälerei erlebt wird.

Bruno Betthelheim hat in seinem Buch „Kinder brauchen Bücher. Lesenlernen durch Faszination" (Stuttgart 1982) auf die Mängel der (amerikanischen) Fibeln hingewiesen: Sie seien weder interessant noch berührten sie Kinder innerlich, sondern dienten lediglich dem formalen Zweck, korrektes Lesen zu ermöglichen. Hubertus Halbfas, der in seiner Symboldidaktik dem Lesen ein eigenes Kapitel gewidmet hat, weist nachdrücklich auf den entwicklungsfördernden Aspekt hin, den faszinierendes Lesen zu bewirken vermag und nennt folgende Voraussetzungen:

„Damit Kinder mit Begeisterung lesen, darf man sie nicht mit gleichgültigem Material traktieren, das ausschließlich formalen Übungswert hat. Sie müssen von Anfang an und die gesamte Grundschulzeit hindurch tief davon überzeugt sein, daß ihnen das Lesen die Tür zu einer größeren Welt wunderbarer Erfahrungen öffnet.

Wenn sie statt dessen fürchten müssen, hinter den Türen, die das Lesen aufschließt, nur auf gleichgültige oder unangenehme Dinge zu stoßen, welche Motivationen sollen dann noch das Lesen befördern? Auch wenn der einzelne nichts davon weiß, sein lebenslanges Verhältnis zu den Büchern wird unterbewußt davon mitbestimmt, daß Lesen ein Abenteuer ist und immer wieder zu überraschenden Erlebnissen und Erkenntnissen führt."[1]

Wenn also Lesen das Leben bereichern und zur Entfaltung der Persönlichkeit beitragen soll, muß es den Erziehern gelingen, „zum Lesen zu verlocken" (Richard Bamberger) bzw. „Kindern und Jugendlichen das Lesen zum Vergnügen zu machen" (Willi Fährmann). Dies aber kann nur ein Anfang sein. Lesen ist so wichtig, daß es den Menschen alle Situationen seines Lebens hindurch begleiten muß, also „Lebens-Mittel" im eigentlichen Sinn wird.

### Bibliotherapeutisches Lesen

Ein Buch kann entspannen, beruhigen, trösten, ermutigen, ein guter Berater und Helfer sein, auch aufwühlen und betroffen machen. „Ein Buch muß die Axt sein für das gefrorene Meer in uns", hat Franz Kafka einmal gesagt. Manchmal bricht das Buch etwas in uns auf, das uns unbequem ist, uns Schmerzen bereiten kann. Das gute Buch im Sinn der Bibliotherapie läßt den Leser damit jedoch nicht allein. Es vermittelt Perspektiven, bietet Assoziationen, Ideen und Phantasien für Lösungswege an. Damit ist gleichzeitig gesagt, daß es auch schlechte, ja gefährliche Bücher gibt, die verwirren, ängstigen, in die Sackgasse führen und in Verzweiflung stürzen können. Deshalb ist die Auswahl geeigneter Bücher eine der wichtigsten Aufgaben des Erziehers und Beraters.

Das Buch soll aber nicht nur in Zeiten der Krise, in Krankheit und Trauer ein Begleiter sein, sondern auch in guten Tagen. Es soll zugleich die Freude am Leben erhalten.

Anliegen dieses Büchleins ist es, den einzelnen Lebensstadien anschauliche Gedanken über das Lesen zuzuordnen und sowohl die Funktionen von Geschichten als auch ihre biblio-

---

[1] Hubertus Halbfas: Religionsunterricht in der Grundschule. Lehrerhandbuch 3, Düsseldorf 1985, 51.

therapeutische Wirkung darzustellen. Für jede Altersstufe gibt es Bücher und Geschichten, und Titel wie „Lesen, um zu leben" (Muth) oder „Lesend überleben" (Schwarz-Gardos) mögen illustrieren, wieviel „das rechte Buch zur rechten Zeit" für manche Menschen schon bedeutet hat. Vielen hat das Lesen geholfen, ihre Lebensrichtung oder ihr gesamtes Leben zu ändern, zahllosen Menschen gab ein Buch einen neuen Lichtblick. Maxim Gorki schreibt:

„Je mehr ich las, um so enger wurden meine Beziehungen zur Welt, um so leuchtender und bedeutsamer wurde für mich das Leben (...) Die Bücher hüllten die Erde und die ganze Welt in einen Mantel der Sehnsucht nach etwas Besserem, und jedes von ihnen war gleichsam Abdruck einer Seele, die durch Zeichen und Worte auf das Papier geprägt war, und die Zeichen belebten sich, sobald mein Auge und mein Verstand mit ihnen in Berührung kam (...)

Wie die Wundervögel aus den Märchen, so besangen die Bücher die Vielfalt und den Reichtum des Lebens und die Kühnheit, die der Mensch bewies in seinem Drang zum Guten und zur Schönheit (...)

Jedes Buch war wie eine kleine Sprosse, über die ich vom Tier zum Menschen aufstieg. Meine Vorstellungen vom besseren Leben gewann an Klarheit, und der Drang nach diesem Leben wurde wach. Erfüllt von dem Gelesenen fühlte ich mich als ein bis zum Rand mit belebendem Tau gefülltes Gefäß ..."[2]

Weil es zunehmend Menschen gibt, die sich leer vorkommen und seelisch zu verdursten drohen, möchten wir mit der Fülle und dem Lebensquell der Literatur antworten. Deshalb haben wir unserem Buch den Titel „Lesen ist wie Wasser in der Wüste" gegeben.

---

[2] Lieber lesen, hrsg. von Hans Gärtner. 4. Almanach der Kinder- und Jugendliteratur, 56.

# KAPITEL 2

# Geschichten als Vorbilder

## Die Sprache der Annahme

Die kleine Damaris sitzt auf dem Schoß der Mutter und hört sich zum wiederholten Mal das Märchen „Rumpelstilzchen" an. Die Mutter kann nicht besonders gut vorlesen, aber sie hat eine ruhige, wohltuende Stimme. Jedesmal ist Damaris begeistert, wenn das abgegriffene Märchenbuch mit den großen bunten Bildern hervorgeholt wird. Aber das Schönste ist es, wenn sie sich an die Mutter kuscheln und den Märchen lauschen kann.

Gerade hat die Mutter die Stelle vorgelesen, an der Rumpelstilzchen erscheint und von der Königin das versprochene Kind verlangt. Ohne es sogleich zu bemerken, läßt sie zwei Wörter aus und liest: „Die Königin erschrak und bot dem Männchen alle Reichtümer an, wenn es ihr das Kind lassen wollte." Damaris unterbricht sie und protestiert heftig: „Das ist falsch! Da steht ‚alle Reichtümer *des Königreichs*'." Und zur Überraschung der Mutter zitiert sie den ganzen Abschnitt wortgetreu.

Dieses Beispiel veranschaulicht mehrere grundlegende Gegebenheiten. Das Kind erlebt das Märchen als etwas Schönes und Begehrenswertes, weil es durch die Mutter die „Sprache der Annahme" erfährt. Aber es schwingen auch diffuse Gefühle des Erschauerns und der Angst mit, soll doch ein Kind von seiner Mutter getrennt werden. Doch die Ängste, die das Märchen auslöst oder zur Sprache bringt, werden auf zweierlei Weise überwunden: durch den guten Ausgang im Märchen selbst und durch die Geborgenheit auf dem Schoß der Mutter. So wird ein Ahnen, ein elementares Gespür für die therapeutische Funktion schon früh im Kind angelegt: Geschichten können helfen, sich mit Konflikten auseinanderzusetzen, Krisensituationen und Ängste zu bewältigen; sie bestärken das Vertrauen ins Gelingen. Diese Merkmale, die vor allem für Märchen und Abenteuerlektüre typisch sind, machen das hohe Spannungsmoment aus, das ein Kind fasziniert und zur ständigen Konfrontation auffordert.

Darüber hinaus nimmt das Kind eine Geschichte als Ganzheit auf. Wird auch nur ein Wort verändert oder fortgelassen, so fühlt sich das Kind zutiefst in seinem Ordnungssinn gestört.

Die Geschlossenheit der sprachlichen Gestalt bedeutet eine Geborgenheitsstruktur, die das Kind entwicklungsmäßig braucht und verteidigt. Hierbei kommt es nicht in erster Linie auf vollständiges Sinnverständnis an. Das Kind erfaßt intuitiv, läßt sich von Bildern und Symbolen ansprechen und braucht bisweilen gar keine Erklärung. Was Arthur Lerner über die therapeutische Komponente von Poesie gesagt hat, trifft auch auf die kindliche Rezeption zu:

„Affekte, die durch Dichtung, und im wesentlichen durch Gleichnisse, Metaphern und / oder Rhythmus hervorgerufen sind, können in den Händen eines fähigen Therapeuten zu heilsamem *Selbst*ausdruck, zu *Kreativität* und zur Steigerung der *persönlichen Achtung* führen und dem Klienten helfen, Einsicht zu gewinnen."[3]

Wer hätte nicht schon beobachtet, wie ein Kind seine innere Erregung spontan in Laute, in Bewegung und Spiel umsetzt? Nicht ohne Grund hat Heinrich Spaemann der Ursprünglichkeit des Kindes ein ganzes Buch gewidmet, das an späterer Stelle noch erwähnt wird (Orientierung am Kinde, 6. Aufl., Einsiedeln 1984).

## Märchen gegen die Angst

Geschichten können dazu verhelfen, daß ein Kind Vertrauen in die Wirklichkeit, Ermutigung zum Leben gewinnt. Viele Geschichten stehen beispielhaft als Modell für gelingende Gemeinschaft, für Einsicht, Überleben und Glücklichwerden.

---

[3] Arthur Lerner: Poesietherapie, in: Handbuch der Psychotherapie, Bd. 2, hrsg. von Raymund J. Corsini, Weinheim 1982, 906.

Vor allem Märchen können dazu beitragen, daß die Kinder ihre Angst, Sehnsüchte, Wünsche und Träume wiedererkennen. Märchen helfen aber auch Erwachsenen, sich auf vitale Erlebnisse der Kindheit zu besinnen, Neues zu entdecken und noch einmal von vorn anzufangen. Es scheint eine neue Generation von Märchenerzählerinnen zu geben, denn viele Frauen lernen Märchen auswendig und machen Erfahrungen mit dem Heilsamen des Lernens und Sprechens, ganz zu schweigen von der Wirkung des dann Erzählten auf die Zuhörer. Exemplarisch für diesen Eindruck mag das Erlebnis von Felicitas Betz sein, die in einer sehr unharmonischen Verfassung an einem Erzählabend bei Vilma Mönckeberg in Hamburg teilnahm. Sie berichtet:

„Ich habe nichts weiter getan als zugehört, und nach dem Erzählen war auf einmal alles das, was mir vorher wie ein unüberwindlicher Gipfel erschien, überhaupt nicht mehr so wichtig. Ich war auf einer ganz anderen Ebene angesprochen worden; auf einmal waren in mir Kräfte lebendig, die viel stärker waren als das, was vorher so unüberwindlich erschien. Das hat mich sehr bewegt. Ich habe gedacht: So etwas gibt es doch nicht! Aber es ist so: Die Volksmärchen haben eine solche therapeutische Kraft, daß ich dachte, diese Quelle muß man wieder heraufholen."[4]

Nicht von ungefähr setzen heute auch Ärzte Märchen in therapiebegleitenden Seminaren ein. Märchen erleichtern es einem Kranken, seine Ängste und Probleme auszusprechen, mit denen er nicht fertig wird. Von den Schwierigkeiten, die Märchenfiguren zu bewältigen haben, kommt der Kranke auf seine eigenen Sorgen zu sprechen. Auf diesem indirekten Weg kann bereits im Vorfeld der ärztlichen Behandlung geholfen werden.

In diesem Zusammenhang ist zu erwähnen, daß bibliotherapeutische Hilfen in Kinderkrankenhäusern gegenwärtig am meisten gediehen sind. So wurde der Münchener Modellversuch des Deutschen Ärztinnenbundes e. V. „Das fröhliche Krankenzimmer" in vielen Städten aufgenommen. Vornehmlich geht es in diesem Versuch darum, den Kindern mittels ge-

---

[4] „... wie jemand, der Wasser in die Wüste bringt." Interview mit Felicitas und Otto Betz, in: Brennpunkt Erziehung 2/1981.

eigneter Lektüre – Märchen spielen dabei eine große Rolle – die Angst zu nehmen. Es konnten bereits spürbare Erfolge erzielt werden, den Kindern die veränderten Lebensbedingungen – Verlust der vertrauten Umgebung, Trennung von den Bezugspersonen – erträglicher zu machen und beginnenden seelischen Störungen zu begegnen. Manchmal geschieht bei dieser Art von Zuwendung mehr als eine momentane Hilfe, weil Lese- oder Vorlese-Erlebnisse heilsame Entwicklungsanreize geben und Einfluß auf das weitere Leben haben können.

Es darf hier nicht darüber hinweggesehen werden, daß Lesen auf jeder Entwicklungsstufe auch schaden kann. Angesichts der „bequemen Medien" besteht zwar nicht mehr die „Gefahr" wie in früheren Zeiten, viel und heimlich zu lesen. Dennoch sollten die Eltern über die Lese-Interessen und den Lesekonsum ihrer Kinder genau informiert sein. Denn schon wenig Text genügt, um zu verunsichern, zu verängstigen und zu entmutigen oder negative Tendenzen zu verstärken. Dies signalisiert, daß ein Kind mit seinem Buch nicht alleingelassen werden soll; der einfühlsame Gesprächspartner bleibt unverzichtbar.

## Der Impuls des Kindes

Im folgenden sollen einige Beispiele aus der Literatur betrachtet werden, die modellhaft verdeutlichen, wie anhand von Geschichten Entwicklungsanreize und Lernprozesse entstehen können.

### DER ALTE GROSSVATER UND DER ENKEL

*Es war einmal ein alter Mann, der konnte kaum gehen, seine Knie zitterten, er hörte und sah nicht viel und hatte auch keine Zähne mehr. Wenn er nun bei Tisch saß, und den Löffel kaum halten konnte, schüttete er Suppe auf das Tischtuch, und es floß ihm auch etwas wieder aus dem Mund. Sein Sohn und dessen Frau ekelten sich davor, und deswegen mußte sich der alte Großvater endlich hinter den Ofen in die Ecke setzen, und sie gaben ihm sein Essen in ein irdenes Schüsselchen, und noch dazu nicht einmal satt, da sah er betrübt nach dem Tisch, und die Augen wurden ihm naß. Einmal auch konnten seine zittrigen Hände das*

*Schüsselchen nicht fest halten, es fiel zur Erde und zerbrach. Die
junge Frau schalt, er aber sagte nichts und seufzte nur. Da kauf-
ten sie ihm ein hölzernes Schüsselchen für ein paar Heller, daraus mußte er nun essen: wie sie nun da so sitzen, so trägt der
kleine Enkel von vier Jahren auf der Erde kleine Brettlein zusammen. „Was machst du da?" fragte der Vater. „Ei, antwortete das
Kind, ich mach ein Tröglein, daraus sollen Vater und Mutter essen, wenn ich groß bin." Da sahen sich Mann und Frau eine
Weile an, fangen endlich an zu weinen, holten alsofort den alten
Großvater an den Tisch, und ließen ihn von nun an immer mit essen, sagten auch nichts, wenn er ein wenig verschüttete.*

Obwohl dieser Text in der Grimmschen Märchensammlung
steht, ist er der allgemeinen didaktischen Literatur zuzuordnen
und hat den Charakter einer Beispielgeschichte. Ein Kind in
seiner Liebe und seinem Mitempfinden ist der „Lehrer" seiner
Eltern und verhilft ihnen aufgrund der Vorwegnahme ihres eigenen Altwerdens zu Einsicht und Verhaltensänderung. Eindrücklich wirkt die Geschichte durch den naiven Versuch des
Kindes, ein Schüsselchen zu bauen, und durch seine Erklärung. Das Kind richtet keinen Vorwurf an die Eltern, sondern
argumentiert aus seiner Sicht. „… wenn ich groß bin" meint
das Antizipieren des eigenen Erwachsenwerdens einerseits
und das Altwerden der Eltern andererseits. Das Bewußtwer-
den analoger Entwicklung und die Erkenntnis, selbst einmal
auf die Rücksicht und Barmherzigkeit anderer angewiesen zu
sein, löst eine Erschütterung aus, deren Konsequenz die Rein-
tegration des Großvaters ist. Der alte Mensch gewinnt seine
Würde wieder zurück.

Die Altersangabe („der kleine Enkel von vier Jahren") be-
zieht sich nicht auf das Vermögen des Kindes, sich in einen anderen hineinzuversetzen, denn diese Fähigkeit prägt sich in der
Regel erst später aus. Vielmehr werden damit die ursprünglichen Kräfte des kleinen Kindes signalisiert: Spontaneität, Vertrauen, absichtslose Liebe ohne Falsch, Hintergedanken und
Berechnung. Dieser Idealtypus ist unbedingt ernst zu nehmen:
Nur ein Kind mit seinen natürlichen Gaben und seinem intui-
tiven Verhalten vermag Veränderungen zu bewirken. „… das
Kind befreit uns mit dem überlegenen Charme seines Wesens

zu unserem Eigensten, es ruft unser Bestes, es löscht unser Licht nicht aus, sondern entfacht es, es bringt uns zu uns selbst." (Spaemann, a. a. O., 139)

Kinder können sich mit dieser Geschichte besonders gut identifizieren, weil der Enkel „einer von ihnen" ist und sie in den meisten Fällen ein gutes Verhältnis zu ihren Großeltern haben. Und Erwachsene werden vielleicht an ihre eigene Kindheit erinnert oder assoziieren Beispiele, mit welcher Hingabe und Treffsicherheit Kinder auf Ungerechtigkeiten und Mängel hinweisen können. Heinrich Spaemann beschreibt im Anschluß an Matthäus 18,3 („Wenn ihr nicht umkehrt und werdet wie die Kinder, so werdet ihr niemals in die Himmelsherrschaft hineinkommen") eine Fülle kindlicher Verhaltensweisen, die in den Beziehungsebenen zu den Mitmenschen und zu den Dingen überraschende Perspektiven eröffnen. Der Erwachsene tut gut daran, den heilsamen Rat Jesu anzunehmen und sich bei der Frage nach dem Wesen des Menschen am Kind zu orientieren.

Ein Beispiel aus Spaemanns Buch „Orientierung am Kinde" mag dies illustrieren:

> „DAS KIND IST KONKRET
> *Es ist noch nicht am Ende mit der Menschwerdung,*
> *es setzt sie fort, das Wort wird in ihm Fleisch:*
> *sein Inneres äußert sich.*
> *Wenn es sich freut, dann hüpft es,*
> *wenn es traurig ist, weint es,*
> *wenn sein Herz aufjubelt, dann auch seine Stimme,*
> *wenn es liebt, dann umarmt es,*
> *wenn es mit Worten betet,*
> *dann auch mit dem ganzen Leib.*
> *Mit Leib und Seele Gott anerkennend,*
> *erkennt es ihn wahr."* (Spaemann, a. a. O., 73)

Der biblische Text Markus 10,13–16 (Jesus segnet die Kinder) hat hohes therapeutisches Potential. Zum einen zeigt er, daß Kinder von Gott geliebt werden, zum andern macht er das naive Vertrauen der Kinder zum Maßstab für das Handeln Erwachsener: Den Wesensmerkmalen, die ein Kind mitbringt –

etwa Sorglosigkeit, Freude, absichtslose Liebe –, wird das Reich Gottes zugeordnet. Wo Menschen sich in diesem Sinn inspirieren lassen, geschieht Veränderung, wie es im Grimmschen Beispiel dargestellt wurde.

### Kinderbücher für Erwachsene

Immer wieder ist in der Literatur ein Kuriosum feststellbar: Viele Bücher, die ursprünglich für Erwachsene geschrieben wurden, lesen – allerdings durchweg bearbeitet – auch Kinder. Manches dieser Bücher, z. B. Defoes „Robinson Crusoe", setzte sich geradezu als Kinderbuchklassiker durch. Das Umgekehrte kann man ebenfalls beobachten. Bücher, die eigentlich ursprünglich für Kinder gedacht waren, sprechen Erwachsene in besonderer Weise an, wirken beispielsweise beruhigend oder lassen Vertrauen in die Zukunft gewinnen.

Da ein gutes Kinderbuch in der Regel wichtige Daseinsmotive und Beziehungen aufnimmt und elementarisiert (z. B. Aufbruch, Wagnis, Kampf, Überwindung der Gefahr, Befreiung, Hoffnung, Treue, Freundschaft, Liebe), kann sich der Erwachsene auf unkompliziertem Weg und ganz behutsam seinen seelischen Konflikten nähern. Die Unbefangenheit und Bildhaftigkeit des Kinderbuchs sind gute Voraussetzungen, sich aus der eingeengten Gefühlswelt zu befreien und lustbetonte Empfindungen einer vitalen Welt aufzunehmen. Welche emotionale Weite eröffnet nicht folgender Text: „Wir kletterten wieder auf den Baum und saßen hoch oben in unserem selbstgebauten Bretterverschlag, von dem wir Aussicht nach allen Seiten hatten." Zahllose Erwachsene lesen auch später Kinderbücher, manche immer wieder, weil hier mehr zu finden ist als Sentimentalität für Vergangenes.

### Ein Frosch gibt nicht auf

Fabeln sagen dem Menschen, wer er ist. Sie zeigen aber auch, wie er sein sollte und worauf er achten muß, wenn sein Leben gelingen soll. Ihre Stilzüge sind daher vor allem belehrender, kritisierender, satirischer und verfremdender Art. Manche eignen sich jedoch auch als Modell für vorbildhaftes Verhalten in Krisensituationen. Dazu gehört die Fabel von den Fröschen, die im Lauf der Zeit, wie die meisten Grundmuster dieser Gattung, verschiedene Abwandlungen erfahren hat.

Die Fabel erzählt davon, wie zwei unternehmungslustige Frösche auf ihrer Wanderung in einen großen Krug fallen, der zur Hälfte mit Milch gefüllt ist. Beide versuchen herauszuspringen, aber sie kommen nicht hoch genug. Nach vielen Versuchen gibt der eine Frosch auf und geht unter. Der andere Frosch strampelt weiter und weiter, einen halben Tag lang. Und siehe da: die Milch wird allmählich dicker und schließlich so fest, daß der ausdauernde Frosch sich auf einem Butterklumpen abstoßen und seinem Gefängnis entfliehen kann.

Die Zusammenhänge kannte der Frosch nicht; er ließ sich allein von seinem Lebensimpuls leiten. Solange man lebt, gibt es Hoffnung. Wer kann wissen, ob nicht doch noch Rettung möglich ist? Die Fabel veranschaulicht sehr schön, daß der Frosch die Rettung durch sein Abstrampeln selber herbeiführt. Indem er nicht aufgibt, verändert er seine Umgebung.

### Der Korb mit den wunderbaren Sachen

Die Spannung des Menschseins scheint sich zum großen Teil zwischen Gehorsam und Grenzüberschreitung abzuspielen. Wohin eine einseitige Erziehung zum Gehorsam führen kann, hat unsere deutsche Geschichte unter der Diktatur des Nationalsozialismus unauslöschlich bewiesen. Gehorsam kann jedoch auch eine Sache des Vertrauens sein. Das göttliche „Du sollst" bzw. „Du sollst nicht" etwa meint es gut mit dem Menschen und will ihn vor Schaden bewahren.

Nun hat sich der Mensch seit jeher schwergetan, dort Gehorsam zu leisten, wo ihm die Forderungen nicht unmittelbar einleuchteten oder wo er den Sinn von Geboten oder Verboten nicht verstand. Neugierverhalten, Erkenntnisstreben und sein Wunsch, mündig zu sein und selbständige Entscheidungen zu treffen, veranlassen ihn, die ihm gesetzten Grenzen zu überschreiten. So sind Entwicklung und Fortschritt ohne Grenzüberschreitung schlechterdings nicht möglich, und will der Mensch sich dazu bekennen, so wird er zwangsläufig auch schuldig, oft mit bitteren Konsequenzen. Es gibt aber auch Bereiche, in denen der Mensch in seiner Begierde durch Mißachten der Grenze alles zerstört und sich um sein Glück bringt. Es ist nicht gut, jedes Tabu brechen zu wollen, jedes Geheimnis mit Gewalt zu lüften. In dieser Gefahr befinden wir uns heute stärker denn je. Wo der Mensch nicht mehr als liebenswertes Gegenüber, die Natur nicht mehr als Subjekt und Gottes Gebote nicht mehr als Maßstab akzeptiert werden, sind der Begierde des Menschen keine Grenzen gesetzt.

Das folgende afrikanische Märchen will auf seine poetische Art zum Nachdenken bringen und hat nicht nur für Kinder eine „prophylaktische" Funktion.

Ein Mann besaß eine große Rinderherde. Die Tiere trugen ein schwarz-weißes Fell, geheimnisvoll wie die Nacht. Weil der Mann seine Kühe liebte, führte er sie immer auf die beste Weide. Dort beobachtete er sie des Abends, wie sie zufrieden grasten und wiederkäuten. Und er sagte: „Morgen früh werdet ihr mir viel Milch geben." Aber am nächsten Morgen, als er seine Kühe melken wollte, waren die Euter schlaff und leer. Er glaubte, es habe an Futter gefehlt, und führte seine Herde auf eine andere Weide. Er sah, wie sich die Tiere sattfraßen und zufrieden waren, aber frühmorgens hingen die Euter wieder schlaff und leer. Da trieb er die Kühe zum drittenmal auf neue Weide, doch auch diesmal gaben die Kühe keine Milch.

Da legte er sich auf die Lauer und beobachtete das Vieh. Als um Mitternacht der Mond weiß am Himmel stand, sah er, wie sich eine Strickleiter von den Sternen herabsenkte. Auf ihr schwebten sanft und weich junge Frauen aus dem Himmelsvolk zur Erde. Sie waren schön und fröhlich, lachten einander leise zu und gingen zu den Kühen, um sie zu melken. Er sprang auf und wollte sie fangen, doch sie liefen auseinander und flohen in den Himmel zurück. Aber eine von ihnen vermochte er festzuhalten. Es war die allerschönste. Er nahm sie mit in seine Hütte, und sie wurde seine Frau.

Tag für Tag ging die Frau aufs Feld und arbeitete für ihn, während er das Vieh hütete. Sie waren glücklich miteinander, und durch die gemeinsame Arbeit wurden sie reich. Ein Gedanke aber quälte den Mann mehr und mehr. Als er in jener Mondnacht seine Frau zu fassen bekam, hatte sie einen Korb bei sich. „Versprich mir, niemals da hineinzuschauen!" hatte sie gesagt. „Wenn du es dennoch tust, wird uns beiden Unglück widerfahren."

Oft dachte der Mann an den Korb und hätte gern gewußt, welche Bewandtnis es mit ihm habe. Je länger er darüber nachsann, desto mehr steigerte sich seine Begierde. Eines Tages war er allein in der Hütte. Da sah er den Korb im Dunkeln stehen, zog das Tuch herunter und begann zu lachen. Bei ihrer Heimkehr merkte die Frau sofort, was geschehen war. Sie blickte ihn weinend an und sagte: „Du hast dein Versprechen gebrochen und in den Korb geschaut!" Da lachte der Mann nur noch mehr und rief: „Was habe ich nur für eine dumme Frau! Warum machst du ein solches Geheimnis um diesen Korb? Da ist ja nichts drin!"

Noch während er so sprach, wandte sich die Frau von ihm ab und verließ die Hütte. Sie ging dem Sonnenuntergang entgegen, und keiner sah sie jemals wieder.

Wenn man Kinder danach fragt, was denn wohl in dem Korb war, so kommen sie weitaus schneller als Erwachsene auf Umschreibungen für Glück und Vertrauen. In diesem Märchen ist ein ähnliches Motiv zu finden wie in der Paradiesgeschichte (vgl. 1. Mose 3) und in der Geschichte von der Seele des Wals (vgl. Kapitel 6). Was hier der Korb ist, der nicht aufgedeckt werden soll, ist dort die verbotene Frucht, die nicht gegessen bzw. die Lampe, die nicht berührt werden darf. Indem die Menschen ihren Begierden nachgehen, verscherzen sie ihr Glück. Die Frau in unserem Märchen ging aber nicht deswegen fort, weil ihr Mann sein Versprechen gebrochen hatte. Sie ging, weil er keinerlei Blick für die schönen Sachen besaß, die sie einst für beide vom Himmel mitgebracht hatte, ja sich sogar noch lustig darüber machte.

„Das Eigentliche ist unsichtbar", sagte der Fuchs zum kleinen Prinzen, und: „Man sieht nur mit dem Herzen gut."

# KAPITEL 3

## In eine andere Welt versinken

### Eigene Bilder

Als vor mehr als hundertfünfzig Jahren amerikanische Ärzte die Bedeutung des Lesens für den Heilungsprozeß stationär Kranker erkannten, spielte die Erholungsfunktion von Literatur eine große Rolle. Dies war besonders für die oftmals eintönige Atmosphäre der Krankenhäuser wichtig. Durch Vorlesen und selbständiges Lesen der Patienten verging die Zeit; Patienten, die kein Zeitgefühl mehr hatten, gewannen durch das Erlebnis, daß Zeit beim Lesen oder Zuhören vergeht, ein neues Verhältnis zur „vierten Dimension". Selbst Langzeitpatienten erholten sich besser und schneller, wenn ihnen vom Pflegepersonal Lesestoff besorgt wurde.

Geschichten und Romane ermöglichen regenerierendes Vergessen, Abtauchen, Atemholen. Durch das Abtauchen in die fiktionale Welt der Dichtung kann sich die Psyche erholen, ja befreien von allem Druck, aller Belastung, von Streß. Diese seelische Entlastung (in der Antike sprach man von Katharsis – und die kathartische Methode gewann in der modernen Psychotherapie an zentraler Bedeutung) führt zu psychischer Befreiung, die nach dem Auftauchen in die reale Welt so viel Kraft zurückgewinnen läßt, daß sie die Realität durchstrahlt und das Bewußtsein stärkt.

Wie kommt es aber nun, daß ein Film selten so nachhaltig wirkt wie das Buch, das dem Film zugrundegelegt wurde? Im Film werden dem Betrachter Bilder vorgegeben. Sie verändern sich nicht. Jeder Film bietet bei mehrmaligem Betrachten immer wieder dieselben Bilder. Beim Buch ist das anders. Wenn ich ein Buch lese, werden dagegen durch Zeichen und Symbole, durch Handlungsketten und Dialoge Assoziationen her-

29

vorgerufen, die sich zu Bildern in meiner Phantasie formen lassen, deren Formprozeß ich aber selbst gestalte. Beim Lesen bin ich Herr meiner Gedanken, Bilder, Phantasie. Und so wird mir das „Lese-Abenteuer" mit einem spannenden, noch unbekannten Buch zum grenzenlosesten aller Abenteuer, wie es Astrid Lindgren beschreibt.

## Der Weg zum Buch

Die erfolgreiche schwedische Kinderbuchautorin ist davon überzeugt, daß diese Fähigkeit in der Kindheit angelegt werden muß und dann dazu beitragen kann, die Welt zu verändern:

*Was erwünscht und erhofft ihr euch noch für euer Kind? Womöglich hegt ihr gar sehr hohe Erwartungen und träumt davon, daß es eines Tages zu denen gehört, die die Welt verändern und sie zu einem besseren Platz für die Menschen machen? Einige müssen ja in jeder Generation zu den Wegbereitern der Menschheit gehören, warum nicht auch euer Kind? Ja, aber dann müßt ihr ihm den Weg zum Buch weisen! Und das muß jetzt gleich geschehen, denn findet es den Weg nicht als Kind, dann findet es ihn nie und wird auch nie ein Weltverbesserer, glaubt mir! Ihr könnt ja einmal die Probe aufs Exempel machen. Nehmt zehn jetzt lebende Menschen, die ihr hochschätzt und von denen ihr meint, daß sie wirklich etwas für die Menschheit geleistet haben, geht zurück bis in ihre Kindheit, blättert die Jahre um, und ich bin davon überzeugt, ihr findet zehn kleine Leseratten. Vielleicht waren es nicht immer sogenannte „gute" Bücher, die sie gelesen haben, aber gelesen haben sie, dessen bin ich sicher. Die Bücher gaben ihrer Phantasie Nahrung, und Phantasie war genau das, was sie brauchten, als sie sich als Erwachsene anschickten, die Welt zu verändern. Denn alles, was geschieht, muß zunächst einmal in der Phantasie eines Menschen Gestalt annehmen, wie sonst sollte es entstehen?[5]*

---

[5] Astrid Lindgren: Das entschwundene Land, Hamburg 1977, 81.

Durch den Prozeß des Lesenlernens wird also nicht nur der Erkenntnisprozeß eines Menschen gefördert, sondern – in einem höheren Sinne – der Prozeß des „Sehenlernens", eine Qualität, die über das meßbar Objektive hinausragt, aber in unserer Zeit umso bedeutsamer wird.

Lesen ist Versinken in eine andere Welt, Mitgerissenwerden, Verstricktsein in fremde Schicksale – und doch letztlich Begegnung mit dem eigenen Selbst, weil es nicht von vorgegebenen Bildern ausgeht, sondern ureigene Bilder anspricht und ihrer auch bedarf, die eine nachhaltige und somit auch heilende Wirkung auf die Persönlichkeit ausüben. Ihnen kommt die prägende Kraft des Urvertrauens zu.

Die Kinder von heute „sehen Filme, hören Radio, sitzen vor dem Fernsehschirm, lesen Comics – all das ist gewiß lustig und appelliert wohl auch an die Phantasie, aber es sind oberflächliche Erlebnisse. Ein Kind, allein mit seinem Buch, schafft sich irgendwo tief in der geheimen Kammer seiner Seele eigene Bilder, die alles andere übertreffen."[6]

## Der Körper liest mit

Mit Büchern, Geschichten, Erzählungen und Gedichten können wir in eine andere Welt versinken. Dies ist nicht nur tiefenpsychologisch orientierten Wissenschaftlern klar, sondern auch Pädagogen. L. M. Rosenblatt erklärt dieses Phänomen so: „Die eigenartige Macht der Literatur beruht auf der Tatsache, daß sie auf emotionaler Ebene einen Einfluß ausüben kann, der genauso stark ist wie der, den lebendige Menschen oder reale Situationen ausüben."[7]

Hiermit wird ein zunächst ganz gesunder Vorgang erfaßt: Wer sich ein Buch nimmt und sich damit zurückzieht, darin versinkt, der kann noch abschalten, zur Ruhe kommen. Und so zur Ruhe kommen und nicht gezwungenermaßen erst bei der

[6] Astrid Lindgren: Das grenzenloseste aller Abenteuer, in: Dies.: Friedenspreis des Deutschen Buchhandels 1978. Almanach, Hamburg 1978, 33.
[7] Rhea J. Rubin: Bibliotherapie – Geschichte und Methoden, in: Hilarion Petzold, Ilse Orth (Hrsg.): Poesie und Therapie. Über die Heilkraft der Sprache, Paderborn 1985, 110.

stationären Behandlung, das ist gesund. Lesen ist eben nicht ein einseitig rationaler Akt, wie uns auch heute noch einige Bildungsphilister weismachen wollen. Beim Lesen sind im hohen Maß auch Gefühle und der Körper des Lesers im Spiel. Deshalb muß das Lesen im Blick auf den ganzen Menschen erfaßt, beschrieben und nutzbar gemacht werden, und nicht nur für seinen Kopf. Der Schriftsteller und Germanist Peter Bichsel schreibt über die Körperempfindungen beim Lesen:

„Beim intensiven Lesen verspüre ich körperliche Veränderungen, die, so scheint mir, nicht vom Inhalt ausgelöst sind, sondern vom Lesevorgang selbst. Ich vermute – ohne jede Sach- und Fachkenntnis –, daß dabei gewisse hormonale oder was auch immer für Vorgänge im Körper ablaufen."[8]

Bichsel schließt hier als „Nicht-Fachmann" auf medizinische Aussagen, die inzwischen von vielen Fachärzten bestätigt werden (z. B. von Dietrich von Engelhardt, Lübeck; Peter Hartwig und Wolfgang Klages, Aachen; Friedrich Kluge, Freiburg; Michael Soeder, Fredeburg). Selbst auf der Ebene der Ausbildung von Ärzten muß heute von Felix Anschütz, einem Arzt, der über mehr als vierzig Jahre Erfahrung am Krankenbett seiner Patienten verfügt, festgestellt werden, daß die Trennung von Natur- und Geisteswissenschaften (dem Abbild der Trennung von Natur und Geist im Menschen und in der Menschheit überhaupt) nur dann überwunden werden kann, wenn sich der Arzt mit geisteswissenschaftlichen Fragen der Ethik, Philosophie (und ich füge hinzu: Theologie, Psychologie) auseinandersetzt und sich Kenntnisse von Dichtung verschafft, „so daß die daraus resultierende vertiefte ärztliche Bildung in die Handlungsabläufe eingebracht wird."[9]

Den somatischen Reaktionen und Bedürfnissen kommen besonders Abenteuerromane entgegen, weil sie den Leser in ferne Landschaften, Meere, Inseln und Wüsten entführen. Sie führen aus der Enge, ja aus dem Gedränge des Alltags hinaus. Wer schon aus beruflichen Gründen viel mit den Problemen der

---

[8] Peter Bichsel: Der Leser. Das Erzählen. Frankfurter Poetik-Vorlesungen, 3. Aufl., Darmstadt 1982, 29.
[9] Felix Anschütz: Ärztliches Handeln. Grundlagen, Möglichkeiten, Grenzen, Widersprüche, Darmstadt 1987, XII f.

Menschen zu tun hat, wird sich oft nach der Unbegrenztheit einer Landschaft sehnen, in der er nicht viele Menschen trifft. Das Verhalten der Menschen an einem großen Badestrand mag dafür ein Beispiel sein: Immer wieder zieht es die Erholung Suchenden hin zu den einsamen Stränden, wo sie etwas mehr als zwei Quadratmeter Strand genießen können. Dies bleibt aber den meisten Menschen nur für die kostbare Zeit des Urlaubs aufgespart. Im täglichen Allerlei kann nur das Leseabenteuer diese Sehnsucht annähernd kompensieren.

Ich (U. K.) weiß aus eigener, unmittelbarer Erfahrung, wie stressierend, ja geradezu lebensbedrohlich, weil Aggressionen fördernd, die räumliche Enge einer Militärstube in der Kaserne sein kann, ganz zu schweigen von den „Nicht-Räumen" eines Unterseebootes oder eines Zerstörers, auf dem man seine eigene Hängematte auch noch im Rhythmus des Wachwechsels mit jemandem teilen muß. Ich habe diesen unmenschlichen Zustand in meiner militärischen Grundausbildung nur lesend kompensieren können – und heute bin ich in gewisser Weise stolz darauf, von einem unwissenden und ungebildeten Unteroffizier für meinen Lesehunger spät abends nach dem Zapfenstreich als eines kleinen Dienstvergehens für schuldig befunden und mit einer „erzieherischen Maßnahme" bestraft worden zu sein. Ich konnte damals jedenfalls die körperlichen und seelischen Schmerzen durch Lesen (Alexander Solschenizin: August vierzehn) lindern.

Viktor Böhm äußert sich zu solchen psychophysischen Reaktionen folgendermaßen:

„Jeder Mensch hat die Fähigkeit, sich auch ohne äußere Ursache verhältnismäßig lebhaft in ein Gefühl zu versetzen, vor allem, wenn es sich um ein Wiedererleben, um eine Gefühlsreproduktion handelt, die durch Drangzustände heraufbeschworen werden. Der Anruf der sinnlichen Gefühle appelliert an den Zusammenhang zwischen Organempfinden und Affekten im Leser. So rufen etwa die so häufigen engen, schluchtigen Raumformen bei (Karl) May Veränderungen in Atmung und Gleichgewichtsgefühl, Beklemmung im Leser hervor. Darstellung der Bewegung wendet sich an die Empfindungen des Muskelsinnes:

Die entsprechenden Bewegungen werden vom Leser in der Regel zwar nicht wirklich ausgeführt, aber er vollzieht ansatzweise die Innervation der Bewegung. Die motorischen Nerven erleiden einen bestimmten Reiz, der zu schwach ist, um die wirkliche Bewegung auszulösen. Es kommt zu Ansätzen von Muskeleinstellungen und Nachahmungsbewegungen. Dadurch wird die Lektüre zum Ersatz wirklichen Erlebens, ihre stellvertretende Kraft zeigt sich etwa in der zusammengeballten Faust oder in den Kehlkopfbewegungen mancher Leser."[10]

Heute bin ich dankbar, daß meine Eltern mich zum Buch führten. In meiner Kindheit, die nach dem Zweiten Weltkrieg begann, gab es für uns noch kein Fernsehen. Der aus der Gefangenschaft heimgekehrte Vater, der sich ganz dem Wiederaufbau des zerstörten Familienhauses widmete, brachte mir Bücher von Karl May mit, dessen Erzählungen und Romane, aber auch dessen Schicksal später zu einem Teil meiner wissenschaftlichen Arbeit wurden.

### Prägendes Vorlesen

Mein erstes „Vorlese-Erlebnis" aber gründet sich auf ein altes Kinderbuch, das vor mir schon mein um viele Jahre älterer Vetter als Kriegsausgabe bekommen hatte, das dann durch die Nachkriegszensur der Besatzungsmächte gelangte, von meiner älteren Schwester gelesen und mir daraus vorgelesen wurde. Heute gehört es zu meiner Bibliothek, und es fällt dort schon allein durch sein inzwischen schäbiges, abgegriffenes, oftmals auch repariertes Oeuvre auf: „Putiputs Abenteuer" – die Geschichte des kleinen Kükens in Versform: „Als Mutter Henne brütete, fünf Eier sorgsam hütete, kam Tante Perlchen zu Besuch. Die war noch klüger als ein Buch." So einprägsam für Kinderohren beginnt es. Putiput ist noch gar nicht richtig auf der Welt. Die Eierschale läßt im Kreise der Familie Aufsehen erregen, und sein Aussehen nach dem Verlassen des Eies ist so

---

[10] Viktor Böhm: Karl May und das Geheimnis seines Erfolges, 2. Aufl., Wien 1979, 209.

auffällig, daß es Putiput angesichts der ästhetischen Normen seiner Hühnerfamilie nicht lange zu Hause aushält: Putiput wandert in die weite Welt, verläßt den Schutzraum des großen Gartens und erlebt jenseits dieser Grenzen allerlei Abenteuer, die zum Teil lebensgefährlich sind.

Endlich kehrt es wieder heim und wird als anerkanntes, geliebtes und geachtetes Geschöpf freudig aufgenommen.

Diese frühkindliche Leseerfahrung spiegelt zwei wichtige archetypische Grunderfahrungen wider: Reise und Wiederkehr, ein Motiv, das nicht nur bei zahlreichen Schriftstellern (z. B. Kleist, May, Exupéry) als Lebens- und Schaffensmotiv zu finden ist. Das Motiv von Reise und Wiederkehr wurde auch für mein späteres Leben bestimmend. Immer bin ich gern hinausgefahren, aber ebenso gern nach Hause zurückgekehrt. Selbst, als ich mich auf Entdeckungsreise in das Land der Wissenschaft begab, wurde das Motiv von Entfernung und Wiederkehr für mein Dasein und Sosein bestimmend. Ich spürte, daß ich dort meine Wurzeln geschlagen hatte, wo ich als Kind im Garten meines Elternhauses erste Spiel- aber auch Leseabenteuer erlebt hatte. Meine Heimat war (und ist da), wo ich meine Bücher hatte (habe).

Kindheit als Lesezeit: Davon weiß auch der berühmte Jean-Paul Sartre zu erzählen. Er wurde als kleiner Junge in einer Welt des Lesens und der Bücher geboren. Seine Mutter Anne-Marie las ihm vor und führte ihn aus seiner realen Welt hinaus:

„... und ich fühlte, wie ich ein anderer wurde. Anne-Marie war auch eine andere mit ihrem Ausdruck einer überwachen blinden Frau. Es kam mir vor, als sei ich das Kind aller Mütter, als sei sie die Mutter aller Kinder. Als sie zu lesen aufhörte, nahm ich ihr rasch die Bücher fort und trug sie unterm Arm davon, ohne mich zu bedanken (...)
Ich packte mir ein Buch mit dem Titel „Drangsale eines Chinesen in China" und zog damit in einen Abstellraum; dort hockte ich mich auf ein Eisenbett und tat so, als läse ich: Mit den Augen folgte ich den schwarzen Linien, ohne auch nur eine einzige zu überschlagen, und erzählte mir dazu laut eine Geschichte, wobei ich mich bemühte, jede Silbe auszusprechen. Man ertappe mich – oder ich ließ mich ertappen –, es machte großes Aufsehen, man beschloß, nun sei es an der Zeit, mir das Alphabet beizubringen. Ich war eifrig wie ein Kind beim Katechismus-Unterricht; ich ging so weit, mir Nachhilfestunden zu

geben: Ich kletterte auf mein Eisenbett mit dem Buch „Heimatlos" von Hector Malot, das ich auswendig kannte; halb rezitierte ich, halb entzifferte ich, ich nahm mir eine Seite nach der anderen vor: Als die letzte Seite umgeblättert war, konnte ich lesen (...)

Man ließ mich in der Bibliothek vagabundieren, und ich stürmte los auf die menschliche Weisheit. So bin ich geworden (...) Ich habe niemals Höhlen gegraben und Vogelnester gesucht, niemals botanisiert und mit Steinen nach Vögeln geworfen. Aber die Bücher waren meine Vögel und meine Nester, meine Haustiere, mein Stall und mein Gelände; die Bücherei war die Welt im Spiegel; sie hatte deren unendliche Dichte, Vielfalt, Unvorhersehbarkeit. Ich stürzte mich in unglaubliche Abenteuer ... (...) Sie sind der Humusboden meines Gedächtnisses."[11]

In eine andere Welt versinken – wer möchte dies als jugendlicher Leser nicht? Und sehnen sich Erwachsene nicht auch gern nach diesem Glücksgefühl der Kindheit zurück, das ihnen mit wachsender Bewußtwerdung ihres Daseins verloren ging? Kinder wissen es nicht, können aber ohne jegliche Schwierigkeiten von einer in die andere Realität wechseln. Ihr Geist ist nicht als Widersacher der Seele tätig. Erst wenn sie aus Gründen der Erziehung und infolge ihrer Entwicklung die Welt realistischer zu betrachten beginnen, droht ihnen der Verlust ihres Paradieses. Wir sprechen von Erwachsenwerden und berauben uns und sie eines lebenswichtigen Kleinods: In der Welt der Erwachsenen, die vom Getriebe des technologischen Fortschritts, von Geldverdienen, vom Treten und Getretenwerden geprägt ist, von Kriegen, die aus der Gier der Menschen nach Macht entstehen, hat dies Kleinod kaum noch Platz. Menschen, die an den Anforderungen zerbrechen, reagieren – aus der Sicht der sogenannten normalen Erwachsenen – mit „absonderlichen" oder „ver-rückten" seelischen Reaktionen: neurotisch oder psychotisch, treten den „Weg nach innen an" oder legen gar Hand an sich. Wie wertvoll wäre es, wenn sich die Erwachsenen in einer Zeit bewußter oder unbewußter Suche nach dem Sinn des Lebens ein Stück kindlicher Naivität bewahren oder zurückgewinnen könnten!

[11] Jean-Paul Sartre: Die Wörter, zitiert nach: Ursula Voß (Hrsg.): Kindheiten, Köln 1974, 228 ff.

# Die Welt jenseits des Baches

Ich erinnere mich gern meiner Leseerlebnisse, und manchmal nehme ich ein Buch zur Hand, das früher einmal große Bedeutung für mich hatte: Bücher, die mir halfen, die Gegenwart vergessen zu lassen und mir eine geheimnisvolle, ferne, mir gänzlich unbekannte, aber phantasievolle Landschaft nahebrachten. So ist es auch mit V. Wilkins' phantastischem Roman „Terra Quivera. Das Land der blutroten Rubine" (Stuttgart 1953):

Der Autor versteht es meisterhaft, die Aufmerksamkeit des jugendlichen Lesers auf ein fernes Land zu richten, das noch weiter weg als „China" liegt, denn „China" ist in dem Teil des elterlichen Grundstücks, auf dem Christopher Standish, genannt Tops, lebt, das am weitesten, jenseits des Baches, vom Elternhaus entfernt ist. Am Teich in „China" erscheint eines Tages ein seltsamer Mann, Fürst Madoc, der Mann aus Quivera. Er bringt für Tops Vater, den Professor für Geschichte Christopher Standish Senior, einen Brief. Tops Vater ist mit altwalisischer Sprache vertraut und kann auch bald Fürst Madoc, der ein Gemisch aus Latein und eben dieser alten Sprache spricht, verstehen. Madoc überzeugt Vater und Sohn Standish, daß sein Land bedroht sei und daß sein Volk, dessen Vorfahren vor „einundzwanzig" Generationen mit Madoc, Sohn des Fürsten Owen von Gwyneth (alter Name für Nordwales), des Streitens um die Erbfolge müde, ihre Heimat verlassen hatten, um nach einer endlos langen Seereise in Quivera zu landen, nun mit fremder Hilfe gerettet werden müßte.

Tops träumt von wilden Abenteuern und möchte es allen erzählen, doch der Vater mahnt ihn: „Du darfst tun, was du willst, Tops, aber erzähle ja keiner Menschenseele ein Wort! Kein einziges Wörtchen keinem einzigen Menschen, hörst du? Mein Gefühl sagt mir, daß wir dieses Geheimnis ganz wahren müssen."

Und so bereiten sie die Expedition vor, die von den dunklen Machenschaften des Kapitäns *Darkness* behindert werden, und Vater und Sohn verstricken sich in immer neue Abenteuer zu Wasser, an Land und in der Luft. Madoc führt sie nach allerlei Abenteuern in das Land seiner Väter, nach Cibola, der „Stadt des gefrorenen Eises", der Hauptstadt von Quivera.

Tops lernt das Tal und die Menschen von Cibola kennen, deren Lebensgewohnheiten aus mittelalterlicher Zeit zu stammen scheinen. Olwen, ein „kymrisches Mädchen", wird seine Freundin, der er seine Muttersprache beibringt. „Im übrigen konnten wir in unserer freien Zeit angeln oder, unter Bedeckkung, zur Jagd gehen. Manchmal begleiteten wir meinen Vater auf seinen Forschungsfahrten in die Dörfer und Kirchen der Umgebung. Oder beteiligten uns an den ziemlich komischen Spielen drinnen oder draußen, die hier jedermann spielte. *Im Grund aber bin ich doch ganz froh, daß ich nicht im zwölften Jahrhundert lebe.*" (S. 126)

Auch hier findet der Leser – wie so oft in diesem Buch – den Wechsel von Vergangenheit und Gegenwart, von erzählter Zeit und Erzählzeit. Tops vertraut auf die Gegenwart, und wenn die Spannung des Leseabenteuers, bei dem es um Tod und Leben, um übermenschliche Kräfte und menschliche Abgründe, Mord und Leid, Liebe und Frieden geht, auf den Höhepunkt zutreibt, findet der Leser unmittelbar in die eigene Realität zurück: Das Geheimnis von Vater und Sohn Standish bleibt ihr Geheimnis, wird zum Geheimnis des Lesers – und bleibt dennoch verborgen in einem Buch, das sein Geheimnis nur preisgibt, wenn der Leser es für sich aufschlägt und darin liest.

Cibola wird zerstört: Die Stunde ist da, in der Madoc, der diademtragende Fürst von Quivera, dessen Untergang nach seiner Rettungstat schon durch die Verwundung am Anfang des Romans vorsichtig angedeutet wird, seine Freunde gerettet weiß und Quivera vernichten muß. Madoc will nicht mehr zulassen, daß um die blutroten Edelsteine Menschen Kriege anzetteln, und so scheint seine letzte Rede einem Vermächtnis gleichzukommen und einer Mahnung, nämlich die „Büchse der Pandora" nicht zu öffnen:

„Hilfe ist diesem Lande in seinen Nöten zuteil geworden durch Menschen von der Außenwelt, die meine Vorfahren aufgegeben hatten, und mit der Hilfe kamen liebe und kluge Freunde. Aber von der Außenwelt waren vorher auch zu uns gekommen Drangsal und Krankheit und gewaltsamer Tod. Und deshalb hat unser Volk beschlossen, meine liebsten Kameraden" – er sprach jetzt sehr langsam – „daß das

Tor der Dämpfe, wenn ich, jetzt bald, wieder hineingegangen bin, hinter mir für immer geschlossen wird. So ist es ein Abschied für lange ..." (S. 227)

Tops weiß nun, daß mit dem Abschied von Madoc das Geheimnis von Quivera verlorengeht und die Abenteuer nur in seiner Erinnerung lebendig bleiben können. Das Tor der lebensgefährlichen Dämpfe wird von Madoc verschlossen, der sich damit opfert, um seine Mitmenschen zu bewahren. Olwen aber, das Symbol des Lebens, bleibt Tops erhalten, weil sie ihre Kindheit und Heimat verläßt.
Tops ist sprachlos, als er Olwen sieht.

„Freust du dich nicht, mich zu sehen, Christopher?" rief sie.
Ich packte sie an beiden Händen, die ich ganz fest drückte. Und erzählte ihr gleich die allerwichtigste Neuigkeit: „Olwen, sie haben das Tor der Dämpfe für immer verschlossen. Für ewig! Du kannst nicht mehr nach Hause!" Das schien ihr keinen Kummer zu machen, denn sie sagte nur: „Wirklich?" Überlegte einen Augenblick und setzte hinzu: „Aber das will ich ja auch gar nicht. Bin ja doch nur eine Waise."
„Also wirst du jetzt bei uns wohnen müssen! Oh, wie mich das froh macht! Was werden wir für Spaß zusammen haben! ..." (S. 231)

Aufbruch in eine geheimnisvolle Welt, lebensgefährliche Abenteuer, Gefahren der Natur und der Wildnis, paradiesische Zustände und abgrundtiefe Gefahren, archetypische Symbole des Menschlichen (Ring, Diadem, Feuer, Wasser, Schätze, Reisen, Schiffe, Meer ...), Wiederkehr in die eigene Welt – all dies wird in „Terra Quivera" zu einem farbigen Bild exotischer Traumlandschaft und findet sich wieder in den Träumen des Lesers: Tagtraum und Realität wechseln einander ab und ermöglichen regenerierendes Vergessen.

# KAPITEL 4

## Von den Alten lernen

### „Bücher meines Lebens"

Die Welt ist arm an echten Vorbildern. Nachrichten aus der großen Politik sind öfters von Skandalen geprägt, und verbrecherische Taten wie Geiselnahmen und Entführungen werden via Fernsehen „live" dargeboten. Wenn man die negative Wirkung solcher Bilder bedenkt, dann steht unseren Kindern und Jugendlichen eine zukünftige Welt bevor, in der der Mensch dem Menschen zum Wolfe wird.

Da ist es gut, wenn man auf der Suche nach Vorbildern, die für den Erziehungsprozeß unverzichtbar sind, ehrliche Biographien im Bücherregal findet, die vor der Geschichte Bestand haben. Leider werden aber meist nur Biographien über berühmte Frauen und Männer geschrieben, selten von solchen Menschen, die kaum in den Dunstkreis oder Lichtkegel der Öffentlichkeit treten. Ich denke an Menschen, die zu Hause, in der Familie, am Arbeitsplatz und in der Kirche dafür eintraten, daß wichtige Werte, die unser Gemeinwesen zusammenhalten, verwirklicht werden. Mit ihren Erlebnissen kann man keine gewinnträchtigen Bestseller schreiben, und doch ist es schade, daß mit ihrem Tode auch ihre Geschichten zu Grabe gehen.

Vor einigen Jahren kam einer meiner ältesten Studenten des Seniorenstudiengangs zu mir in die Sprechstunde. Herr Bergmann bat um einen Rat. Das Weihnachtsfest und der Jahreswechsel standen vor der Tür, und er wollte gern seinen Kindern und Enkelkindern etwas schenken, was bleibenden Wert für sie hatte.

„Ich hatte an einen Brief gedacht, in dem ich ihnen erzähle, welche Bücher in meinem Leben wichtig für mich geworden sind."

Ich freute mich sehr, daß die Anregung des Seminars so po-

sitiv aufgenommen worden war und nun konkret in die Zu-
kunftspläne eines alten Mannes mündete. Die Überraschung
kam, als einige Wochen später Herr Bergmann auf dieses Gespräch zurückkam und sagte:

„Der Brief wird immer länger. Was soll ich nur tun?" Ich
konnte ihn ermutigen, doch weiterzuschreiben, „was die Feder
hergibt". So wurde daraus ein kleines Büchlein, von ihm selbst
getippt und produziert, das er dann in kleiner Auflage privat
verschenkte: „Bücher meines Lebens" – eine Sammlung von
Geschichten eines Menschenlebens, das vom Buch begleitet
und deswegen noch ereignisreicher wurde, ein Menschenleben
nur, und doch ein Teil des Menschheitslebens. In seinem Vorwort schreibt der Autor:

„Seit 1971, als die erste Enkelin geboren wurde, schreibe ich
von Zeit zu Zeit derartige Briefe. Mir schwebt dabei vor, etwas
von dem, was uns jetzt bewegt und was wir jetzt erleben, in
eine Zeit hinüberzuretten, in der sie solches bewußt lesen und
nachempfinden können, in der sie sich selbst aufmachen, erwachsen zu werden, und sich mit den Fragen des Lebens auseinanderzusetzen.

Diesmal führte das Thema bald über den Umfang eines
‚Briefes' hinaus. Die Vorstellung drängte sich auf, eine Dar-
stellungsform zu finden, die auch anderen zugänglich sein
könnte. So ist dieses Büchlein entstanden. Es will keinen Anspruch auf dichterische oder gar wissenschaftliche Aussagen
erheben. Es möchte anregen, sich an eigene Erfahrungen mit
Büchern zu erinnern, und dazu ermutigen, diese wiederum
auch weiterzugeben."


## Stufen-Erlebnisse

Als erfahrener Leser berichtet Bergmann von den Erlebnissen
mit einem Gedicht, das Hermann Hesse schrieb: „Stufen" [12]

„Es ist schon seltsam, wie sich ein Dichter in unser Leben
einführt und wie er uns dann Jahr um Jahr begleitet. 1947 war

---

[12] Hermann Hesse: Die Gedichte, Frankfurt a. M. 1977.

es, als ich in einer der damals noch dürftigen Zeitungen auf ein Gedicht stieß, das mich besonders ansprach und das ich ausgeschnitten habe. Es war „Stufen" von Hermann Hesse. Zeitlich kann ich den Fund deshalb einordnen, weil ich die Zeilen meinem Vater als Widmung in einen Bildband von Dortmund geschrieben habe, als er im Oktober 1947 wieder heiratete. Hier zunächst der Wortlaut:

### STUFEN

*Wie jede Blüte welkt und jede Jugend*
*Dem Alter weicht, blüht jede Lebensstufe,*
*Blüht jede Weisheit auch und jede Tugend*
*Zu ihrer Zeit und darf nicht ewig dauern.*
*Es muß das Herz bei jedem Lebensrufe*
*Bereit zum Abschied sein und Neubeginne,*
*Um sich in Tapferkeit und ohne Trauern*
*In andre, neue Bindungen zu geben.*
*Und jedem Anfang wohnt ein Zauber inne.*
*Der uns beschützt und der uns hilft zu leben.*

*Wir sollen heiter Raum um Raum durchschreiten,*
*An keinem wie an einer Heimat hängen.*
*Der Weltgeist will nicht fesseln uns und engen,*
*Er will uns Stuf' um Stufe heben, weiten.*
*Kaum sind wir heimisch einem Lebenskreise*
*Und traulich eingewohnt, so droht Erschlaffen.*
*Nur wer bereit zu Aufbruch ist und Reise,*
*Mag lähmender Gewöhnung sich entraffen.*

*Es wird vielleicht auch noch die Todesstunde*
*Uns neuen Räumen jung entgegen senden,*
*Des Lebens Ruf an uns wird niemals enden …*
*Wohlan denn Herz, nimm Abschied und gesunde!*

Kurz vor der Währungsreform, die am 21. 6. 1948 stattfand, sind unsere Freunde Bruni und Kurt aus Leipzig bei uns zu Besuch. Wir können sie zu einem Rezitationsabend mit Will Quadflieg im Stiftshof in Hörde einladen. Der beginnt … und endet … mit dem Gedicht „Stufen".

Bei einem Hüttenurlaub mit der ganzen Familie 1950 in Hilchenbach kann ich aus einer Schulbücherei „Das Glasperlenspiel" leihen. Ich bin überrascht, daß und wie an entscheidender Stelle dies Gedicht eingebettet ist.

Als Bruni und Kurt 1951 von Leipzig in den Westen überwechseln – damals ging das noch über die S-Bahn in Berlin –, habe ich für Bruni zum Beginn des neuen Lebensabschnitts das Gedicht abgeschrieben. Etliche Jahre später frage ich sie bei einer Begegnung danach. Spontan zieht sie einen zerknitterten Fetzen Papier aus der Tasche: „Stufen". Das Gedicht habe sie in allen Phasen der so schwierigen Anlaufzeit begleitet. Immer, wenn die Situation ausweglos erschien, habe es ihr geholfen.

Bei der Trauerfeier für den ermordeten Bankier Ponto, die ich mehr zufällig am Fernseher verfolge, wirkt die Schauspielerin Herdegen mit. Bei der Gelegenheit erfahre ich, daß sie Lebensgefährtin von Erich Ponto war, den ich sehr geschätzt habe. Sie spricht ... „Stufen".

Beim nächsten Zusammentreffen mit Kurt kommen wir darauf zu sprechen. Es stellt sich heraus, daß auch er, der gelegentlich im Freundeskreis Kostproben seiner schauspielerischen und künstlerischen Fähigkeiten gibt, das Gedicht bei Trauerfeiern vorgetragen hat.

Im Dezember 1982 hat Anni erfahren, daß Heinz Rühmann eine Tonbandkassette besprochen hat. Bei unserem Händler ist sie nicht vorrätig, muß bestellt werden. Wir kommen aber nicht mehr dazu, sie vor den Festtagen abzuholen. Als ich mich dann verspätet darum kümmere, freut man sich, daß ich doch noch gekommen bin. Der Titel heißt „Weihnachten mit Heinz Rühmann", ist also nicht mehr ganz aktuell. Trotzdem, wir sind angetan von Heinz Rühmann. Er hat ja erst kürzlich zu seinem 80. Geburtstag die Fernsehzuschauer in Erstaunen darüber versetzt, wozu ein alter Mensch noch fähig sein kann. Und er spricht auch ... „Stufen".

Zu dritt machen wir regelmäßig Wanderungen in den Wäldern um Iserlohn. Das hat sich so ergeben, weil Herr Metkemeier, der Iserlohner unter uns, nicht Auto fährt ... und wir die Umgebung dort immer wieder schön empfinden. Beim letzten Zusammentreffen in 1982 berichtet Herr M., daß seine Frau ein Weihnachtsgeschenk umgetauscht habe gegen ... die oben erwähnte Rühmann-Kassette. Wir Dortmunder wollen uns kurz von Frau M. verabschieden. Es dauert etwas, bis sie die Tür öffnet. Ein Tonband läuft gerade. Wir hören, wie Heinz Rühmann beginnt: „... Wie jede Blüte welkt ..." So wird dieses Gedicht, dem wir aufmerksam zuhören, unser gemeinsames Erlebnis zum Übergang vom alten zum neuen Jahr.

Bei der literarischen Kritik ist Hesse nicht immer glimpflich davongekommen, so in der Untersuchung von Karlheinz Deschner „Kitsch, Konvention und Kunst" (ListTB 93, 1958). Ich meine, wenn Hesse nur dieses Gedicht „Stufen" geschrieben hätte, wäre damit sein Nachweis als Dichter erbracht.

Angesichts längerer Lebenserwartungen und Frühpensionierung und der damit verbundenen Schwierigkeiten kann Hesses Aussage erneut hilfreich sein. Es ist mehr denn je ein ständiges Abschiednehmen: von Freunden, Verwandten, Menschen, die uns begleiteten; von einigen Kompetenzen – des Körpers ... Gebrechlichkeiten ... des Geistes; von Lebensaufgaben, die vor uns lagen in Familie und Beruf, durch die wir gefordert wurden und die mehr oder weniger bewältigt worden sind. Da ist es wichtig, sich auf die verbleibenden Möglichkeiten zum Neubeginne zu besinnen, die Bereitschaft dazu wachzuhalten. Die Erinnerung darf nicht zur Flucht in die Vergangenheit werden."

Im Abschiednehmen noch die neuen Möglichkeiten erblikken – das können uns nur alte Menschen vorleben, die ein ereignisreiches Leben hinter sich haben und die für sie rasend schnell dahinfliegende Zeit teuer auskaufen.

### Stille Helfer

Von Alten lesen lernen – das konnte ich auch erfahren, als ich im Rahmen eines Seminars vielen Senioren begegnete und von ihnen erfuhr, welche Bücher für sie wichtig geworden waren: Ein 68jähriger Mann nannte in diesem Zusammenhang: „Exupéry: Der kleine Prinz; Wind, Sand und Sterne; Die Stadt in der Wüste". Eine 71jährige Frau: „Theodor Storm", eine 69jährige: „Von Thomas Mann: Die Buddenbrooks, Der Zauberberg." Auf die Frage „Würden Sie in bestimmten Situationen (Ärger, Angst vor einer Prüfung ...) lesen?" antwortete eine 64jährige Frau: „Ja, einen möglichst amüsanten Roman. Für meine Hausentbindungen habe ich mir immer ein möglichst spannendes Buch, das ich noch nicht kannte, aufgehoben. (Einmal hat mir eine Hebamme das Lesen verboten ...)."

Die Zuhörer einer Lehrerfortbildungsveranstaltung horchten erstaunt auf, als nach einem Vortrag über Karl May eine ältere Lehrerin kategorisch und alle Zweifel an seinem Werk übergehend sagte: „Bei mir kommt Karl May gleich nach der Bibel!"

Hatte sie mit dieser Äußerung schon ein Staunen ausgelöst, so riß ihre nun einsetzende Erzählung alle anderen mit fort: „Alles, was ich geworden bin, verdanke ich den Büchern Karl Mays. Es war ein englisches Wort, das mir in meinem ersten May-Buch begegnete: *Greenhorn*. Und ich dachte: Du mußt Englisch lernen, um alle weiteren Fremdwörter zu verstehen. Also lernte ich Englisch. Das war, als ich noch ein junges Mädchen war. Ich schwärmte für Winnetou und Old Shatterhand. Später habe ich mich dann sozialpolitisch engagiert: Im Algerienkrieg stellte ich mich einem sozialen Hilfskorps zur Verfügung. Als ich im Flugzeug die algerischen Salzseen überflog, dachte ich an Karl Mays Wüstenromane. Zu allen Zeiten und Unzeiten las ich Karl May. Für mich stand sehr bald fest: Du mußt nach Südamerika. Ich suchte einen Inka. Und ich fand ihn. Ich heiratete einen Inka – und das auch, weil Karl May mich für diese Welt Südamerikas begeistert hatte. Ja, selbst bei der Geburt meiner Kinder stellte ich mir vor, ich stünde am Marterpfahl und konnte dadurch die Geburtsschmerzen ertragen ..."

Deckt sich die letzte Erfahrung der Erzählerin nicht mit dem, was Josef Reding einmal über die narkotisierende Wirkung von Literatur schrieb: „Wann kommt die Zeit", so fragte er in diesem Zusammenhang, „wo man Texte von Schriftstellern in den Krankenhäusern zur Narkose benutzt?"

Alle Berichterstatter erzählten ihre Geschichte nicht im Ton euphorischer Erinnerung an „goldene Jugendzeiten". Aber über ihre oftmals leidvollen Erfahrungen hinweg schien das Leseerlebnis wie ein Band die Entwicklungsphasen des einzel-

nen zusammenzuhalten. Man könnte auch sagen: Der Blick
für das Ganze, das Empfinden der seelischen Einheit, blieb erhalten und wurde trotz mancher Widerwärtigkeiten noch gestärkt.

Geschichten geben Erfahrungen weiter. Wer sie richtig
aufzunehmen versteht, braucht viele leidvolle Erfahrungen
nicht nachzumachen. Mehr noch: Er kann in der persönlichen Stille teilhaben an beglückenden Erlebnissen anderer
Menschen.

## Weisheit des Alters

Alte Geschichten, Geschichten alter Menschen und viele Biographien enthalten oftmals überdauernde menschliche Erfahrungen, aus deren Bewältigung oder auch Nichtbewältigung
nachfolgende Generationen Orientierung und Hilfe schöpfen
können. Aber jede Generation erlebt diese Geschichten neu,
und jede muß darauf ihre eigene Antwort suchen.

Auf Familienfesten kommen auch heute noch Junge und
Alte zusammen. Natürlich entwickeln sich in Gesprächen
manchmal auch Diskussionen. Sehr bald müssen dann viele
alte Menschen erkennen: Mit der Jugend von heute kann man
nicht diskutieren. Zwischen ihrem Denken und dem der Jugend scheinen Welten zu liegen. Erstaunlich ist aber die Beob-
achtung, daß viele Junge plötzlich ihre Diskussion beenden,
wenn ein alter Mensch aus seinem Leben erzählt. Da wird
plötzlich erlebte Geschichte wahr, Geschichte, die über den
Lehrstoff des Schulbuches hinausgeht.

Hinsichtlich des Geschichtenerzählens können wir aus der
jüdischen Tradition lernen (vergl. 5. Mose 6, 20–25): Wenn die
Söhne die Autorität der Gebote Gottes (und damit den tragen-
den Grund ihrer Väter) in Frage stellten, sollten die Väter
keine theoretische Rechtfertigung geben. Vielmehr sollten sie
die Geschichte von den großen Taten Gottes erzählen und damit auf den konkreten Ursprung des Glaubens verweisen.

Wie wertvoll wäre es in diesem Zusammenhang, wenn alte
Menschen nicht von Heldentaten im Kriege erzählen würden,
sondern von den Situationen, in denen nur ihr Schrei nach

Gottes Hilfe das einzige war, an das sie sich klammern konnten!

Alte Menschen sollten sich nicht scheuen, immer wieder den jungen Menschen zu erzählen. Sie resignieren zu leicht, weil sie befürchten, ausgelacht zu werden oder überhaupt nicht gehört zu werden. Sie dürften sich ermutigen lassen von einer Geschichte, die Jean Giono erzählt: „Der Mann mit den Bäumen": (6. Aufl., Zürich 1985).

In einer öden, vertrockneten Gebirgslandschaft der französischen Alpen trifft der Erzähler auf einen einsamen Hirten. Der Hirte Bouffier verblüfft ihn damit, daß er Eicheln sammelt und jedesmal die guten von den schlechten nach sorgfältiger Untersuchung trennt. Am nächsten Morgen steigt Giono mit dem Hirten in die Berge hinauf und beobachtet ihn:

„Als er angekommen war, da, wo er hinwollte, begann er, seinen Eisenstab in die Erde zu stoßen. So machte er ein Loch und legte eine Eichel hinein, dann machte er es wieder zu. Er pflanzte Eichen. Ich fragte ihn, ob das Land ihm gehöre. Nein, antwortete er. Ob er wisse, wem es denn gehöre. Er wußte es nicht. Er vermute, daß es Gemeindeland sei, oder dann gehöre es Leuten, die sich nicht darum kümmern. Ihn focht es nicht an, daß er die Besitzer nicht kannte. Er setzte so hundert Eicheln mit größter Sorgfalt."

So hatte Elzéard Bouffier inzwischen 100 000 Eicheln gepflanzt, von denen 20 000 getrieben hatten, und selbst wenn Nagetiere und Unwetter jeden zweiten Trieb vernichteten, so blieben noch 10 000 junge Stämme übrig.

Als Giono Jahrzehnte später, zu Beginn des Zweiten Weltkrieges wieder in die Gegend kommt, offenbarte sich ihm dort eine wunderbare Landschaft. Mit dem Wald war auch wieder das Wasser gekommen und mit ihm war die Gegend neu belebt worden. Und mit der Auferstehung der Natur kamen auch die Menschen wieder: Die alten hatten wieder Lust zu leben, die jungen konnten lachen, arbeiten und zufrieden sein. Mehr als 10 000 Menschen verdankten ihren Lebensgrund jenem einsamen alten Schäfer, der später im Asyl von Banon verstarb.

Dieser alte Schäfer hatte vielleicht nicht mehr die Früchte

seines Tuns erleben können. Aber er hatte die Größe zu erkennen, daß man auch im Alter noch Frucht bringen kann. Jean Giono schreibt:

„Wenn ich bedenke, daß ein einziger Mann mit seinen beschränkten physischen und moralischen Kräften genügt, um aus der Wüste dieses „Gelobte Land" erstehen zu lassen, dann finde ich, daß trotz alledem das Leben des Menschen wunderbar ist. Wenn ich aber ausrechne, wieviel Beständigkeit, Seelengröße, Eifer und Selbstlosigkeit es gebraucht hat, um dieses Ergebnis zu erreichen, dann erfüllt mich eine unbegrenzte Hochachtung vor diesem alten Bauern ohne Bildung, der aber dieses Werk zu schaffen wußte, das Gottes würdig ist."

## Der Blick für das Ganze

Manchmal wird das gerade Erzählte nicht unbedingt deutlich und es braucht Zeit, bis man das Ganze versteht. Erinnerungen, die erst viel später wieder in unser Bewußtsein treten, zeugen von diesem Erkenntnisprozeß: Das Unbewußte ist viel zu zuverlässig, als daß man eine gut erzählte Erfahrung nicht eines Tages wieder erinnern könnte. Darin könnte die Ermutigung für den alten Menschen bestehen, daß über seinen Tod hinaus vieles von dem, was er erzählte, in der Erinnerung haften bleibt. Und erst in der Erinnerung fügt sich dann das Bild wieder zusammen und man erkennt die wahrhaftige Gestalt. Dessen gewiß haben sich Kulturvölker von jeher des Märchens bedient, um Weisheiten weiterzugeben, die man nicht wissenschaftlich dezidiert analysieren kann, sondern nur in ihrem Sinn erfassen kann. Die Botschaft der Geschichte und der Märchen ist die: Das in Kurzsichtigkeit wahrgenommene Teil eines Lebens oder einer Erzählung ist nicht das Ganze. Dieses Grundgesetz der Wahrnehmung kommt auch in folgender Geschichte zum Ausdruck, die der Wiesbadener Therapeut Nossrat Peseschkian[13] gern und mit Erfolg in der Partnerschaftsberatung einsetzt:

---

[13] Peseschkian, a.a.O., 74.

„Man hatte einen Elefanten zur Ausstellung bei Nacht in einen dunklen Raum gebracht. Die Menschen strömten in Scharen herbei. Da es dunkel war, konnten die Besucher den Elefanten nicht sehen, und so versuchten sie, seine Gestalt durch Betasten zu erfassen. Da der Elefant groß war, konnte jeder Besucher nur einen Teil des Tieres greifen und es nach seinem Tastbefund beschreiben. Einer der Besucher, der ein Bein des Elefanten erwischt hatte, erklärte, daß der Elefant wie eine starke Säule sei; ein zweiter, der die Stoßzähne berührte, beschrieb den Elefanten als spitzen Gegenstand; ein dritter, der das Ohr des Tieres ergriff, meinte, er sei einem Fächer nicht unähnlich; der vierte, der über den Rücken des Elefanten strich, behauptete, daß der Elefant so gerade und flach sei wie eine Liege."

Niemand hatte das Ganze gesehen, niemand hatte das Unverwechselbare erkannt. So blieb das Eigentliche den Betrachtern verborgen. Uns geht es mit Menschen und Begegnungen ähnlich, und erst in der Nachbetrachtung zu einem Leben beginnen wir, das Eigentliche dieses einen Menschen zu erahnen. Deshalb sollten alte Menschen getrost sein, wenn sie noch erzählen können, damit über ihren Tod hinaus etwas für die jungen Menschen bleibt, das sie sich zu einem Bilde formen können.

# KAPITEL 5

## Über den Zaun blicken

**„Komm herüber!"**

Lesen als spannendes Abenteuer, als Entdeckungsreise oder als Erfahren einer neuen Welt wird von zahlreichen Dichtern und Schriftstellern bezeugt. Mit Hilfe des Buches nehmen wir an einem anderen Erlebensbereich teil, dringen zu unbekannten Gestaden vor. So schreibt Jan Vering in seiner Betrachtung „Bücher sind wie Freunde" (Wuppertal 1988, 118):

> „Es war mir eine neue Welt, die sich mir im Lesen aufschloß, ich spürte, welche Kraft der Phantasie und der Gedanken in Büchern stecken kann."

Man ist geneigt, das Lesen als Ersatz für Realität anzusehen und zwischen „richtigem" und nur geistig-seelischem Erleben zu unterscheiden. Die Lese-Experten und Wirkungsforscher (z.B. Peter Bichsel, Ernst Bloch, Viktor Böhm, L. M. Rosenblatt, Werner Schebach; vgl. dazu auch Kapitel 3) sind an dieser Stelle anderer Meinung: Lesen ist ein ganzheitlicher Prozeß, der Seele, Geist und Körper umfaßt, und er kann hinsichtlich der Intensität realen Situationen adäquat sein. Wenn diese Feststellungen stimmen – und aus unserer eigenen Erfahrung hegen wir daran keinen Zweifel –, dann können wir mit Hilfe von Büchern reisen, Gedanken- und Glaubensgut anderer Kulturen kennenlernen und an fremden Einstellungen und Lebensweisen Anteil haben. Diese Erweiterung unseres Horizonts erscheint gerade in der heutigen Zeit als bedeutsam, weil die westliche Zivilisation materiell und rational vereinseitigt und dadurch verarmt ist. Geschichten anderer Länder und Völker, die uns vor allem in Abenteuer- und Reisebüchern begegnen, enthalten vielfach Motive und Elemente, die in unserer Gesellschaft defizitär oder gar nicht mehr vorhanden sind. In erster Linie sind dies der ganzheitliche Umgang mit der eigenen Person, das Verhältnis zur Natur und die Beziehung zum transzendentalen Du. Lesen bedeutet hier so etwas wie der Wink eines anderen mit der Aufforderung: „Komm herüber! Schau dir etwas Neues an!" Solche Winke geschehen literarisch im kleinen wie im großen, aus alten Zeiten und in der Gegenwart. Vieles von dem, was heute scheinbar zum ersten Mal entdeckt wird, ist im Grunde uralt; es wird nur neu erzählt oder aus ungewohnter Perspektive betrachtet.

### Der Geist in der Flasche

Ein bekanntes Motiv in der Weltliteratur ist z. B. der in einem Hohlraum gefangene Geist. So finden wir die Geschichte vom „Geist in der Flasche" etwa in den Geschichten aus Tausendundeiner Nacht, bei den Brüdern Grimm, bei Robert L. Stevenson („Das Flaschenteufelchen") oder bei Astrid Lindgren in immer wieder abgewandelter Form. Symbolisch wird mit dem aus der Flasche befreiten Geist, der sich zu gewaltiger Größe ausbreitet, ein elementarer Vorgang zum Ausdruck gebracht: Derjenige, der die Flasche öffnet, geht das Risiko der Erfahrung unbekannter Dimensionen ein.

In Astrid Lindgrens Märchen „Mio, mein Mio" (Hamburg 1955) wird dieses Motiv von zwei Ebenen aus originell als entscheidender Handlungsimpuls dargestellt. Der 9jährige Bo Vilhelm Olsson findet im Tegnér-Park in Stockholm eine Flasche mit einem Geist, der auf den Verschluß zeigt, also befreit werden will. Nun kennt der Junge die Geschichte vom Geist in der Flasche und die Gefahren, die mit der Befreiung des Geistes verbunden sind. Ein Lese-Erlebnis, das auf die Schilderung einer ähnlichen Begebenheit zurückgeht, tritt hier somit distanzierend dazwischen. Dennoch entschließt sich der Junge, den Geist herauszulassen, und sein Mut eröffnet ihm ganz neue Lebensmöglichkeiten. Der Geist führt ihn auf eine ferne Insel, auf der Bo Vilhelm Olsson zum ersten Mal seinem Vater begegnet (vgl. dazu auch S. 98–100).

Wohl keine andere Geschichte stellt das Phänomen dieses „Experiments", das Menschen, wollen sie entwicklungsmäßig weiterkommen, immer wieder wagen müssen, so plastisch und eindrücklich vor Augen. Im Lese-Erlebnis selbst ist ein solches Abenteuer ohne Risiko. Die Wirkung und damit auch der Impuls, im Leben mutig und zuversichtlich zu handeln, wird dadurch jedoch in keiner Weise getrübt, im Gegenteil: Die Geschichte, ursprünglich in einer Sammlung von Märchen und Erzählungen in arabischer Sprache zwischen 900 und 1500 im Orient entstanden, vermittelt die Bejahung einer Weiterentwicklung auch angesichts großer Unsicherheit und Angst.

Die Grimmsche Fassung „Der Geist im Glas" erzählt davon, daß der Sohn eines Holzfällers die Flasche beim Durchstreifen des Waldes findet und den gefangenen Geist befreit. Der Geist entpuppt sich indes als böser Geist und will den Schüler vernichten. Dieser kommt in seiner Not auf einen rettenden Einfall. Er stellt sich so, als bezweifle er die Macht des Geistes und will nicht eher daran glauben, bis der Geist ihm bewiesen habe, daß er sich auch wieder so klein machen könne wie vorher und dies durch einen Rückzug in die Flasche demonstriere. Der Geist, der offensichtlich empfindlich bei seiner Ehre getroffen ist, beweist seine Fähigkeit und verkriecht sich in der Flasche. Daraufhin drückt der Schüler den abgezogenen Pfropfen wieder auf, und der Geist ist erneut gefangen. Alles klägliche Bitten des Geistes um Befreiung und das Versprechen, den Schüler reichlich zu belohnen, ist zunächst vergebens. Endlich aber läßt sich der Schüler erweichen und gibt den Geist ein zweites Mal frei. Und der Geist hält sein Versprechen.

Diese Geschichte macht zweierlei deutlich. Einmal ist es möglich, mit Kreativität und Einfallsreichtum auch bedrohliche Geister zu bändigen. Zum andern ist das Risiko nicht geringer als beim ersten Mal. Der Sohn des Holzfällers ist auf seinen Mut und das Vertrauen in die unbekannte Macht angewiesen. Denn wer vermag ihm die Gewähr dafür zu geben, daß der Geist sein Versprechen erfüllt? Aber auch sein Selbstvertrauen besticht: „... und anhaben soll er mir doch nichts", heißt es in der Grimmschen Fassung. Schließlich zahlt sich sein Ja zum Wagnis aus. Der Geist beschenkt ihn mit einem Wunderpflaster, das Stahl und Eisen in Silber verwandeln und Wunden heilen kann. Jetzt erst wird uns die Exposition des Grimmschen Märchens so recht klar. Der Holzhacker möchte seinen Sohn studieren lassen, aber die Armut des Vaters verhindert einen Abschluß. Nun muß der Schüler selbst aktiv werden, und die „Befreiung des Geistes", was bildhaft nichts anderes als sein eigenes geistiges Potential bedeutet, verhilft ihm zum Weiterkommen. Das Wunderpflaster ist nur der Ausgangspunkt. Denn mit Hilfe der materiellen Voraussetzungen geht der Holzhackersohn wieder auf die hohe Schule und lernt weiter.

In solchen Geschichten kommen nicht nur die Inhalte selbst, sondern auch Deutungen zu uns herüber. Lese-Erlebnisse können auf diese Weise zum direkten Erfahrungsschatz werden.

### Sehnsucht nach der Insel

Wenn ein Mensch merkt, daß er die Unschuld der Kindheit verloren hat, sehnt er sich zurück nach diesem Paradies. Das ist der Fall, wenn dem jungen Menschen zum ersten Mal bewußt wird, daß die Welt nicht schwarz-weiß betrachtet werden darf, sondern überaus differenziert ist. Die Mitmenschen und die Umwelt werden sehr kritisch beobachtet, die alten Wertvorstellungen geraten ins Wanken. Was früher als Autorität anerkannt wurde, wird strikt abgelehnt. Der Jugendliche ist bestrebt, sich von allem zu lösen und seinen eigenen Weg zu gehen. Kritische Einstellung und Ablösungstendenz gehen jedoch zumeist einher mit dem Gefühl des Alleinseins, des Nichtverstandenwerdens, der Unzulänglichkeit, ja Ohnmacht, vielfach verbunden mit diffusen Schuldzuweisungen. Oftmals bedrängend erkennt der junge Mensch die Endlichkeit seines Daseins und stellt die Frage nach dem Sinn des Lebens. Diese Entwicklungsphase äußert sich sehr ambivalent. Auf der einen Seite zieht sich der Jugendliche zurück, will von keinem etwas wissen und begegnet jedem „Störer" aggressiv, auf der anderen Seite hat er ein unbändiges Verlangen nach Gemeinschaft.

Die Gruppe Gleichaltriger, die Meinung der Clique geht über alles. Und doch versucht der junge Mensch, ob in Abgeschlossenheit oder im Zusammensein mit anderen, seine Identität zu finden.

Die Lektüre dieser Lebensjahre ist – in welcher Abwandlung auch immer – die Geschichte vom Menschen auf der einsamen Insel, klassisch in vielerlei Variationen als Robinsonade gestaltet.

Daniel Defoes „Robinson Crusoe" bringt den Wunsch des heranwachsenden Menschen sowohl nach Einsamkeit als auch nach Gemeinschaft zur Sprache. Dieses Buch gehört insofern zur therapeutischen Literatur, als es die beiden Sehnsüchte der Jugendlichen unaufdringlich in ihrem Stellenwert für das menschliche Leben abbildet. Der gestrandete Robinson spricht nämlich selbst davon, wie oft er sich gewünscht hatte, einmal ganz allein auf einer Insel zu sein. Und als er sein Ziel erreicht hat, wünscht er sich nichts sehnlicher als einen Menschen. Während des Lesens werden diese beiden Motive durchgespielt, und der Leser gelangt zu der Einsicht, daß die Insel, so idyllisch sie auch sein mag, keine Lösung auf Dauer ist. Martin Buber hat dieses „Inseldasein" einmal unnachahmlich mit dem Verhältnis von Büchern und Menschen beschrieben:

„Wenn man mich in meiner frühen Jugend gefragt hätte, ob ich es vorziehen würde, nur mit Menschen oder nur mit Büchern zu verkehren, hätte ich mich gewiß zugunsten der letzteren ausgesprochen. Später hat sich das mehr und mehr geändert. Nicht als hätte ich so viel bessere Erfahrungen mit Menschen als mit Büchern gemacht – im Gegenteil, rein erfreuliche Bücher kommen mir immer noch weit öfter als rein erfreuliche Menschen in den Weg –, aber die vielen schlechten Erfahrungen mit Menschen haben mein Lebensmark genährt, wie es das edelste Buch nicht vermöchte, und die guten haben mir die Erde zum Garten gemacht. Wogegen kein Buch für mich mehr zu tun vermag, als mich in ein Paradies der hohen Geister zu entrücken, wo mein innerstes Herz nie vergißt, daß ich darin nicht lange bleiben darf, aber nicht einmal wünschen kann, daß ich es dürfte. Denn (…) mein innerstes Herz liebt die Welt mehr als den Geist. Wohl bin ich im Leben mit der Welt nicht so gewachsen, wie ich es möchte (...), ich bleibe ihr immer wieder von dem schuldig, was sie von mir erwartet, und zwar zum Teil deshalb, weil ich dem Geist so verhaftet bin. (...) Aber ich liebe ihn nicht eigentlich, ebenso wie ich mich nicht eigentlich liebe. Eigentlich liebe ich nicht den hier, der mich mit seiner Himmelspratze gepackt hat und festhält, sondern die da drüben, die doch immer wieder zu mir herantritt und mir ein paar Finger reicht, die Welt. Er spendet mir sein Manna, die Bücher, sie hat ein Braunbrot für mich bereit, an dessen Rinde ich mir die Zähne ausbeiße und dessen ich nie satt werde, die Menschen ...

Ich verehre die Bücher. (...) Aber an dem verehrungswürdigsten lebenden Menschen bekomme ich immer noch etwas mehr zu lieben als zu verehren, immer noch etwas mehr von dieser Welt, die eben da ist, wie der Geist niemals dasein kann ...

Die Bücher sind rein, die Menschen sind gemischt, die Bücher sind Geist und Wort, lauterer Geist und geläutertes Wort, die Menschen sind aus Gerede und Stummheit zusammengefügt, und die Stummheit ist nicht die des Tieres, sondern die des Menschen ...

Denk dich nur in einen Ursprung hinein, wo du ganz allein wärst, ganz allein auf Erden, und du könntest eins von beiden bekommen, Bücher oder Menschen. Wohl höre ich so manchen seine Einsamkeit preisen, aber das bringt er nur fertig, weil es eben doch die Menschen auf der Welt gibt, wenn auch in räumlicher Ferne. Ich habe nichts von Büchern gewußt, als ich dem Schoß meiner Mutter entsprang, und ich will ohne Bücher sterben, eine Menschenhand in der meinen. Jetzt freilich schließe ich zuweilen die Tür meiner Stube und ergebe mich einem Buch, aber nur, weil ich die Tür wieder öffnen kann, und ein Mensch blickt zu mir auf."[14]

Die Menschen sind immer mehr als die Bücher, auch wenn wir uns enttäuscht von ihnen abwenden und zu lesen beginnen. Bisweilen aber brauchen wir ein Buch. Über die Legiti-

---

[14] Martin Buber: Bücher und Menschen, Katholischer Digest, Januar 1954.

mität einer „Ausbruchs"- oder Entlastungsliteratur hat man jahrzehntelang gestritten. Inzwischen wissen wir, vor allem aufgrund der Untersuchungen von Schriftstellerärzten, daß diese Literatur in erster Linie regenerierendes Vergessen ermöglicht. Der bibliotherapeutische Wert liegt also darin – um im Bild von „Robinson" zu bleiben –, über den Zaun des tristen Alltags in die Gefilde der Exotik blicken und neue seelische Kräfte schöpfen zu können.

### Lesen hinter Gefängnismauern

Das Erfolgsgeheimnis des Schriftstellers Karl May ist nicht zuletzt darin zu sehen, daß seine Bücher bibliotherapeutischer Natur sind. Er wußte wie kaum ein zweiter um die Wirkung von Sprache und um die Bedeutung des Lesens in Krisensituationen. Dies mögen zwei Textbeispiele aus seinem Werk belegen.

„Man ahnt gar nicht, was ein kurzes Wort, eine einzige Gedichtstrophe, zur rechten Zeit oder am rechten Ort gesprochen oder gelesen, für eine große, nachhaltige Wirkung auf den Menschen haben kann. Wenn man das beherzigte, wie anders, wie ganz anders würde dann gesprochen und geschrieben werden!" (Karl May: Weihnacht! Freiburg i. Br. 1897)

Über sein Verhältnis zum Buch im Gefängnis schreibt May:

„Ein Leser in Freiheit und ein Leser in Haft, das sind zwei ganz verschiedene Gestalten. Bei dem Letzteren kann das Lesen geradezu zum seelischen Existenzbedürfnis werden. Sein ganzes Wesen wendet sich, es kehrt sich um. Die äußere Persönlichkeit hat unter der Anstaltszucht ihre Geltung aufzugeben; die innere tritt hervor. (…) Dieses Hervortreten der inneren Persönlichkeit ist in der Freiheit eine Ausnahme, in der Gefangenschaft aber die Regel. (…)
Woher aber soll diese nackte, hungrige Seele sich gut kleiden und gut nähren, nämlich gut im ethischen Sinne? Aus sich selbst heraus? Aus den sogenannten Anstaltspredigten? Aus

den wenigen, kurzen Besuchen der Anstaltsgeistlichen und anderer Beamten? Aus dem Zusammenleben mit Strafgefährten? Man beantworte diese Frage, wie man will, die Hauptquelle aller Erziehung, Besserung und Emporhebung kann bei derartig gegebenen Verhältnissen nur die Bibliothek sein."

May nennt mehrere Beispiele aus der Versorgung der Gefängnisinsassen mit Literatur und gelangt zu dem Ergebnis, daß solche Bücher, die benötigt würden, in unzureichendem Maß vorhanden seien:

„Sie fehlten nicht nur in unserer Gefängnisbibliothek, sie fehlten überhaupt in der Literatur. Ich dachte an meine Knabenzeit, an die Traktätchen, die ich da gelesen und an den Schund, der mich da vergiftet hatte; ich dachte weiter und verglich. Da dämmerte in mir eine Erkenntnis auf. Sind nur die Bewohner der Strafanstalten detiniert? Ist nicht eigentlich jeder Mensch ein Gefangener? Stecken nicht Millionen Menschen hinter Mauern, die man zwar nicht mit den Augen sieht, die aber doch nur allzu fühlbar vorhanden sind? (...)
Ich will Gleichnisse und Märchen erzählen, in denen tief verborgen die Wahrheit liegt, die man auf andere Weise noch nicht zu erschauen vermag. Ich will Licht schöpfen aus dem Dunkel meines Gefängnislebens. Ich will die Strafe, die mich getroffen hat, in Freiheit für andere verwandeln. (...)
So will ich es sein, der für die Seele schreibt." (Karl May: Mein Leben und Streben, Freiburg i. Br. 1910)

### Heimatgeschichten im orientalischen Gewand

Über Gefängnismauern des täglichen Lebens sollten die Leser in die Prärie und in den Orient blicken. Hierbei sollten sie sich jedoch wiederfinden können. Und das gelang Karl May, indem er heimatliche Geschichten bzw. Märchen im „orientalischen Gewand" schrieb. Mit seiner existentiellen Betroffenheit traf er genau die seelische Bedürfnislage derer, die dem engen und bedrückenden täglichen Einerlei entfliehen wollten und sich nach Freiheit, Weite und Abenteuern sehnten. Wie sich gezeigt hat, sprach er mit seinen Büchern zeitlose Fragen und Wünsche an. Denn die heutigen Kinder und Jugendlichen (vielleicht mehr noch die Erwachsenen!) lesen Karl May mit der gleichen Begeisterung wie vor 100 Jahren. Seine Reiseromane, in denen er sich selbst freischrieb, sind ein Therapeutikum gegen seelische Unausgeglichenheit und Gefühle der Hoffnungslosigkeit. Wie in einem erquickenden Traum führen sie den Leser in eine andere Welt und lassen ihn ermutigt „erwachen".

Zweifellos hat Karl May seinen Lesern den Orient, Land und Leute nahegebracht und liebenswert gemacht. Da er erst nach dem grandiosen Erfolg seiner Bücher mehrere Weltreisen unternahm, um die Schauplätze zu besichtigen, konnten seine Schilderungen nicht der Realität entsprechen. Gegenüber den in der Regel sorgfältigen Studien zur Erd- und Völkerkunde und zur Geschichte dominierten Tag-Traum und Phantasie. Dennoch ist es für Autoren, die seinen Spuren folgten (z. B. Groma, Baumann), erstaunlich, wie sehr manche Darstellungen – insbesondere Landschaftsbeschreibungen und Charaktere – den tatsächlichen Gegebenheiten nahekommen. Bei den Vorurteilen und verschiedenen Falschaussagen bzw. Fehlinterpretationen, bei denen Karl May der Einstellung und dem Bildungsstand seiner Zeit unterlag, ist es doch erstaunlich, daß er den Dialog mit den Fremdreligionen, besonders dem Islam, aufnahm.

Wer heute über Albanien berichtet, kann kaum umhin, von Mays „Land der Skipetaren" zu erzählen. In Jugoslawien fanden Reisende in einer Bücherei May-Bände in Serbokroatisch. Nach Auskunft des Buchhändlers war Karl May das ganz große Geschäft der letzten Jahre. Die Frage, welche Bücher am besten gingen, beantwortete der Buchhändler:

„,In den Schluchten des Balkan', ,Durch das Land der Skipetaren' und ,Der Schut' (...). Das spielt doch alles hier in unserer Gegend. Das sind ... Wie sagen sie? Ich glaube: Heimatklänge. Unsere Menschen sollen ihr Land kennenlernen. Wir kommen ja so selten aus unseren Städten und Dörfern hinaus, können nur wenig verreisen. Aber in den Büchern haben wir nicht nur Abenteuer, sondern auch Landschafts-schilderungen."[15]

May nahm, wie viele andere Schriftsteller, den Leser mit auf die Reise. Und waren es auch fiktive Routen, so überrascht, wie sehr er sich in fremde Denkweisen und in die Seele eines unbekannten Volkes hineinversetzen und Typisches abbilden konnte. Unzähligen Lesern hat er so zu einer Kontaktauf-nahme mit einer anderen Welt verholfen, sie über den Zaun der eigenen Zivilisation blicken lassen. Er hat es verstanden, seine Leser für eine Welt zu interessieren, die unendlich fern lag – geographisch und religiös.

## Das Wesen der Reise

Warum ist gerade die Reise ein so beliebtes Thema? Unter den berühmtesten Büchern der Weltliteratur begegnet uns das Reise-Erlebnis in immer neuen Ausprägungen, denken wir z. B. an Homers „Irrfahrten des Odysseus", J. G. Schnabels „Insel Felsenburg", J. Bunyans „Pilgerreise" oder an M. En-des „Unendliche Geschichte". Jede Zeit ließe sich durch ein typisches Reisebuch charakterisieren. Wie kaum ein anderes Thema lädt die Reise dazu ein, über den Zaun zu blicken. Aber das eigentliche Geheimnis der Reisegeschichte liegt wohl darin, daß die Frage nach Ziel und Sinn als Kennzeichen menschlicher Entwicklung eine tragende Rolle spielt. Gehen wir diesem Gedanken abschließend nach.

Das Wort „Sinn" geht seiner Wortgeschichte nach auf das althochdeutsche „sinan" zurück, was „reisen, auf dem Weg sein" bedeutet. Sinn umfaßt also sowohl den Reiseweg, auf dem sich jemand befindet, als auch das Ziel, auf das er zugeht. Bibliotherapeutisch findet dies etwa in den Überlieferungen der alten Mönchsväter seinen Niederschlag, in denen letztlich nichts anderes zählt als das „nie endende Abenteuer des We-ges zu Gott" (G. und Th. Sartory). Die christliche Literatur weist eine Fülle solcher Motive auf. Die Sinnfrage selbst wird

---

[15] Peter Groma: Auf den Spuren Karl Mays, Frankfurt a. M. 1964, 5.

in großer Vielfalt, aber doch auf wenige Kernfragen reduzierbar gestellt: Wohin bin ich unterwegs? Was ist mir wichtig, wofür nehme ich mir Zeit? Wofür kann und darf ich mein Leben aufs Spiel setzen? Sinn wird nur der sehen, der sich auf den Weg macht, nicht der distanzierte Beobachter.

Doch kein Mensch findet den Sinn seines Lebens aus sich selbst heraus. Sinn wird immer auch vermittelt und zugesprochen, so daß es zu einem eigenen „Lebensentwurf" kommen kann[16]. Erfahrbar wird dieser Sinn aber nicht durch theoretische Belehrung, sondern durch Anschauungsformen, die den Wahrheitsgehalt, das Lebensnotwendige und das Nachvollziehbare erkennen lassen. Hier ist zu allererst die Lebensführung und das Vorbild des Erziehers gefragt, und von hier aus gewinnen auch das Erzählen und die Bibliotherapie ihren Stellenwert für die Frage nach dem Sinn des Lebens. Dies wiederum ist nicht ohne Bücher denkbar.

---

[16] Hierzu und zur theologischen Frage nach dem Sinn vgl. Hans Grewel: Hat der Glaube an Gott noch einen Sinn? Beiträge zur Bildungsdiskussion, hrsg. vom Verband Bildung und Erziehung, Hamm 1984, 4ff.

# KAPITEL 6

# In den Spiegel schauen

## Spiegelbilder

Wer erinnert sich nicht gern an Kindheitstage, wenn man, von Eltern nicht beobachtet, vor dem Spiegel stand, sich das eigene Abbild anschauend, den Körper abtastend, versuchend, Neues an sich zu entdecken und das Wohlgefühl verspürend: Ich bin, wie ich bin, schön? Manche mögen andere Erfahrungen gemacht haben: Das Spiegelbild wurde ihnen zur Last, und der tägliche Blick in den Spiegel wurde ihnen zur Qual. Das Märchen vom Schneewittchen ist ja nicht nur für Frauen geschrieben worden: „Spieglein, Spieglein an der Wand, wer ist der (die) Schönste im ganzen Land?" Diese Frage offenbart eine zutiefst menschliche Regung, nämlich den Wunsch, so wie man ist, geliebt zu werden. Natürlich symbolisiert das Märchen aber auch eine andere Weisheit, die tief in der Volksseele verborgen liegt: Wer immer nur in den Spiegel schaut und sich narzißtischer Wohl- und Selbstgefälligkeit hingibt, läuft Gefahr, den eigentlichen Anforderungen des Lebens nicht gewachsen zu sein. Deshalb muß Schneewittchen (von der Natur reich begabt) viele Gefahren überwinden, bis es seine Schönheit dem „Prinzen ihrer Träume" vorbehaltlos schenken kann. Bis dahin muß der Mensch aber viele Mühen und auch Enttäuschungen auf sich nehmen: Der Erziehungsprozeß ist nicht immer der narzißtischen Selbstliebe unterzuordnen.

Auf der Suche nach der eigenen Seele schauen Menschen auch gern in den Spiegel, denn das Gesicht, der Ausdruck der Augen, Mimik und Gestik, Linien, Falten und Grübchen geben der eigenen „Introspektion" Hinweise, wie es um das seelische Wohlbefinden steht.

Wir haben aber auch eine andere, fast grenzenlose Möglich-

61

keit, Spiegelbilder unserer Seele zu finden. In jedem Menschen, so sagte C. G. Jung sinngemäß, liegen uralte Bilder menschlichen Denkens, Handelns und Empfindens verborgen. Diese Urbilder der Seele offenbaren sich uns nicht nur im Traum, sondern im unermeßlichen Schatz der überlieferten Mythen, Märchen und Geschichten. Viele von ihnen übernehmen die Aufgabe eines gläsernen Spiegels, wenn sie dem Leser oder Zuhörer unmißverständlich signalisieren: „Das bin ich selbst. Das ist meine Geschichte." Oft hat man dabei dann das Gefühl: „Dies Buch, jenes Gedicht, diese Geschichte ist nur für mich geschrieben!" So wie der Blick in den Spiegel kein Ausweichen zuläßt und zur Entscheidung zwingt, kann mich diese oder jene Geschichte mit ihrer Handlung, ihrer Erzählkunst, ihrer Sprache und ihrem Ausgang fesseln.

### „Du bist der Mann!"

Viele Leser haben auf solche Erfahrungen hin ihr Leben geändert. Eines der ältesten Beispiele dafür, daß eine Erzählung das Leben eines mächtigen Menschen verändern kann, finden wir in der Davidtradition. Besonders zwei Überlieferungen belegen die bibliotherapeutische Wirkung von Erzählungen: Im 2. Buch Samuel wird der Ehebruch Davids mit Bath-Seba, der Frau seines Hauptmanns Uria, erzählt (2. Sam. 11 und 12). Es bleibt nicht nur bei dem Ehebruch, sondern David veranlaßt auch noch, Uria umbringen zu lassen. Mit der Zeit aber machen Ehebruch und Blutschuld dem David zu schaffen. Der König fällt in depressive Verstimmungen; immer öfter läßt er seinen Propheten Nathan rufen. Nathan erzählt ihm eines Tages folgende Geschichte:

„Es waren zwei Männer in derselben Stadt, der eine reich, der andere arm. Der Reiche hatte sehr viele Schafe und Rinder; aber der Arme hatte nichts als ein einziges kleines Schäflein, das er sich gekauft hatte, und er zog es auf, und es ward bei ihm zugleich mit seinen Kindern groß. Es aß von seinem Bissen und trank aus seinem Becher und schlief an seinem Busen, und er hielt es wie ein Kind. Da kam einst zu dem reichen

Mann ein Gast. Weil es ihn nun reute, von seinen Schafen oder Rindern eins zu nehmen, um es dem Wanderer herzurichten, der zu ihm gekommen war, nahm er das Lamm des armen Mannes und richtete es dem Manne zu, der zu ihm gekommen war. Da entbrannte der Zorn Davids heftig wider den Mann, und er sprach zu Nathan: So wahr der Herr lebt: der Mann, der das getan hat, ist ein Kind des Todes! Das Lamm soll er vierfach ersetzen, weil er das getan und kein Erbarmen bewiesen hat. Da sprach Nathan zu David: Du bist der Mann!"

„Atah Ha'ish!" – Nathan hatte dem König also einen „Spiegel" vorgehalten, in dem er sich selbst entdecken konnte und zur Erkenntnis kommt: „Ich habe mich von Gott entfernt."

### Blick in den Sarg

Derjenige, der der gegebenen Wirklichkeit gegenübertritt, kann sein „blaues Wunder" erleben. So erging es einem Pfarrer, der in seiner Gemeinde keinen Widerhall fand. Die Zahl der aktiven Gottesdienstbesucher nahm mehr und mehr ab, bis eines Tages niemand mehr zum Gottesdienst kam. In dieser Situation wuchs der Pfarrer über sich hinaus: Er gab eine Todesanzeige auf: „Mit dem tiefsten Bedauern gebe ich den Tod unserer Gemeinde bekannt. Trauerfeier am nächsten Sonntag um 11 Uhr."

An diesem Sonntag war die Kirche voll bis auf den letzten Platz. Alles schaute auf den ärmlichen Sarg, der vorn im Chor stand. Dann begann der Pfarrer zu sprechen: „Sie alle sind der Ansicht, die Gemeinde ist tot. Nehmen Sie bitte eine letzte Prüfung vor. Treten Sie einzeln an den Sarg heran und verlassen Sie die Kirche durch das Ostportal. Sollten Sie jedoch den Eindruck gewinnen, die Gemeinde lasse sich wieder beleben, so kommen Sie durch das Nordportal wieder herein." Alle kamen nach vorn, und jeder blickte in den Sarg. Alle verließen die Kirche durch das Ostportal und alle kamen durch das Nordportal wieder herein. Im Sarg hatte jeder ein totes Glied der Gemeinde gesehen: sich selbst – im Spiegel.

# Zerbrochener Spiegel

Im Volksmund hält sich nach wie vor der Aberglaube, daß ein zerbrochener Spiegel Unglück bringe. Ohne diesen „geheimen Miterzieher" zu verstehen, den man allzu leichtfertig gern den Kindern androht, wenn sie unwillig, ihrem Aggressionstrieb folgend, etwas zerstören, kam ich als zwölf- oder dreizehnjähriger Junge in eine schreckliche Lage: Ich hatte mich eines Tages so über meine Eltern geärgert, daß ich wie Rumpelstilz vor lauter Wut mit dem Fuße in die Luft trat. Der Pantoffel flog davon und auf das Hochzeitsbild meiner Eltern zu. Das Glas des Bildes zerbrach, das Bild selbst aber blieb hängen. Reumütig bekannte ich ihnen, als sie heimkehrten, was ich angerichtet hatte. Erstaunlicherweise verhielten sie sich nun nicht wie erwartet. Es gab keine Schelte, sondern sie verziehen mir. Zur Mahnung aber blieb das Bild lange Zeit ohne Glas an derselben Stelle hängen.

Später begriff ich, welche Chance mir das Leben mit diesem Erlebnis eröffnet hatte: Das Bild meiner Eltern blieb erhalten so wie ihre Ehe auch, und vieles konnte gekittet werden, auch wenn die Glasscheibe kindlicher Illusionen zerbrochen war. Erst in den Tagen, da ich diese Zeilen schreibe und die Erinnerung wachgerufen wird, beginne ich zu verstehen, was einmal Johannes Hoffmann-Herreos in zwei Sätzen schrieb: „Es steht geschrieben, die Menschen seien aus dem Paradies vertrieben worden. Es steht nicht geschrieben, danach habe Gott das Paradies zerstört."

Damals wurde ein tödlicher Zauber durchbrochen: Der Aberglaube, für den ein pubertierender Junge nur allzu empfänglich ist, verlor seine destruktive Kraft, und der Junge konnte sich dem Leben zuwenden, das noch viele Aufgaben für ihn bereithielt, und der allmählich, nicht jedoch ohne Mühen und Arbeit, reif zum Erwachsenen wurde.

## Die Seele des Wals

Eine ganz andere Geschichte erzählt ein eskimoisches Märchen[17], in dem der „Held" zwar ein großer Mann unter den Menschen wird, aber nur dadurch, daß er das zerstört, was die Seele des Lebens schlechthin ist: Es ist die Geschichte eines Raben, der in seiner Naivität so weit aufs Meer hinausfliegt, daß er kein Land mehr findet und vor Erschöpfung und Verwirrung in den Schlund eines Walfisches fliegt. Im Innersten des Wales umgibt ihn Todesangst, bis er „geradewegs in ein Haus hineintaumelt", das hell erleuchtet ist, und wo er auf einer Schlafbank eine junge Frau sieht, die sich um das brennende Licht kümmert.

„Du bist mir als Gast willkommen", sagt sie zur Begrüßung, „wenn du mir einen einzigen Wunsch zu erfüllen gelobst: du darfst niemals meine Lampe anrühren."

Der Rabe, glücklich darüber, daß er noch am Leben ist, verspricht und gelobt, so zu tun. Es bleibt jedoch nicht dabei: Die junge Frau verhält sich seltsam, verläßt immer wieder den Raum, kehrt oft flüchtig zurück, um gleich darauf wieder hinauszuschlüpfen. Der Rabe will den Grund für ihr Verhalten wissen und erfährt von ihr: „das Leben und mein Atemzug."

Die Antwort macht ihn neugieriger denn je, und da er endgültig wissen will, was damit gemeint ist, vergißt er sein Gelöbnis, tastet die brennende Lampe ab. Die Frau taumelt zur Tür herein, als die Lampe verlöscht, und stirbt. Das Märchen „Die Seele des Wals und das Brennende Herz" erzählt dann:

„Zu spät bereute der Rabe, was er getan hatte; er schwankte umher in schwarzer Finsternis, und das schöne, helle Haus war nicht mehr da. Er war nahe daran, zu ersticken. Er irrte zwischen Speck und Blut umher, und so heiß wurde es, daß seine Federn abfielen. Halberstickt taumelte er im Bauch des Wales umher, und nun erst begriff er, was geschehen war.

Die junge Frau war die Seele der Walin, und sie schlüpfte zur Tür hinaus in die frische Luft, jedesmal, wenn die Walin

---

[17] Nach Knud Rasmussen: Die Gabe des Adlers. Eskimoische Märchen aus Alaska, Frankfurt o. J., 187–190.

Atem schöpfen mußte, und ihr Herz war eine Lampe mit großer und ruhiger Flamme. Der Rabe hatte aus bloßer Neugier das Herz der jungen Frau berührt, und darum war sie gestorben. Er wußte nicht, daß das Feine und Schöne auch zerbrechlich, vergänglich und leicht zu vernichten ist, denn er selbst war dumm und von zähem Leben; und nun kämpfte er um sein Leben in Finsternis und Blut. Alles, was zuvor schön und rein, war nun häßlich und übelriechend geworden." .

Es glückt dem Raben, dem toten Walfisch zu entkommen, er kann aber nicht mehr fliegen, sondern wird eines Tages mit dem Kadaver des Tieres an Land geschwemmt. Die Menschen entdecken die Walin und beuten sie aus. Augenblicklich wird der Rabe in einen Mann verwandelt, der sich der „großen Tat" rühmt, die Walin getötet zu haben. „Und er wurde ein großer Mann unter den Menschen."

Ziellosigkeit, Dummheit, Empfindungslosigkeit und Gefühlskälte, Neugierbefriedigung und Sensibilitätsverlust führen den Raben-Mann nach oben, in das Licht der Öffentlichkeit, verblenden ihn und lassen ihn stolz, überheblich und hartherzig werden.

### Fang des Lebens

In den „Spiegel seines Lebens" hat auch der bekannte amerikanische Schriftsteller Ernest Hemingway geschaut. In seiner Novelle „Der alte Mann und das Meer" nimmt er resignativ vorweg, was die Quintessenz seines eigenen Lebens sein wird. Der alte Mann träumt davon, noch einmal aufs Meer hinauszufahren, um den Fang seines Lebens zu machen.

Mit der Bildsprache und Symbolik der Märchen drückt der Autor nicht nur sein eigenes Innerstes aus, sondern es gelingt ihm gleichsam archetypisch, menschlich-seelische Regungen schlechthin einzufangen. Dadurch erkennen auch nüchtern rational denkende Leser, daß sie selbst mit dieser Geschichte gemeint sind. Manche von ihnen stehen an den Ufern eines großen Meeres, warten auf ihre große Chance. Viele werfen sich in die Fluten des Lebens, ohne zu wissen, wohin es sie treiben wird. Oftmals erkennen sie nicht einmal die natürlichen Gegebenheiten, an denen sie festhalten könnten.

So groß die Freude des alten Mannes über den Fang seines Lebens ist – und man muß einfach mitfühlen und kann keinen Neid aufkommen lassen –, umso erschreckender ist die Handlungsweise des Alten: „Ich hab' noch all die Gebete, die ich versprochen habe, wenn ich den Fisch fange, dachte er. Aber ich bin zu müde, um sie jetzt zu sagen. Ich hol' lieber den Sack und leg' ihn mir über die Schultern."

Wer von sich weiß, daß die Haie des tiefen Meeres, die den Riesenfisch des Alten unerbittlich auffressen, die „andere Seite" unserer unbewußten Kräfte symbolisieren, bleibt mit dem Schicksal des Alten bei Hemingway allein zurück, denn der Autor selbst offenbarte sich später in seinem Freitod als ein Opfer seiner destruktiven Kräfte. Hemingway zeigte leider nicht, wie man mit diesen Schatten fertig werden kann. Deshalb sollte man als Antwort auf Hemingways Novelle unbedingt ein Märchen lesen, das noch die geheime Kraft in sich trägt, die beiden Züge des Menschen, die biophile (Leben wollende) und nekrophile (Sterben wollende) Tendenz, wieder symbiotisch zusammenfügen kann: „Die Nixe im Teich", von den Brüdern Grimm.

### Spiegel unserer Seelenwelt

Das seelische Gleichgewicht eines Müllers fußt auf dem Reichtum, den er sich zusammen mit seiner Frau geschaffen hat. Die Zeitläufte und die Umstände aber sind gegen ihn: Der Müller verliert nach und nach seinen Besitz – und damit die materielle Grundlage seines Wohlergehens. Bald ist er nervlich am Ende.

Eines Morgens stand er schon vor Tagesanbruch auf, ging hinaus ins Freie und dachte, es sollte ihm leichter ums Herz werden. Als er über dem Mühldamm dahinschritt, brach eben der erste Sonnenstrahl hervor, und er hörte in dem Weiher etwas rauschen. Er wendete sich um und erblickte ein schönes Weib, das sich langsam aus dem Wasser erhob. Ihre langen

Haare, die sie über den Schultern mit ihren zarten Händen ge-
faßt hatte, flossen an beiden Seiten herab und bedeckten ihren
weißen Leib. Er sah wohl, daß es die Nixe des Teichs war, und
wußte vor Furcht nicht, ob er davongehen oder stehenbleiben
sollte. Aber die Nixe ließ ihre sanfte Stimme hören, nannte ihn
bei Namen und fragte, warum er so traurig wäre. Der Müller
war anfangs verstummt, aber als er sie so freundlich sprechen
hörte, faßte er sich ein Herz und erzählte ihr, daß er sonst in
Glück und Reichtum gelebt hätte, aber jetzt so arm wäre, daß
er sich nicht zu raten wüßte. „Sei ruhig", antwortete die Nixe,
„ich will dich reicher und glücklicher machen, als du je gewesen bist, nur mußt du mir versprechen, daß du mir geben willst,
was eben in deinem Hause jung geworden ist." – „Was kann
das anders sein", dachte der Müller, „als ein junger Hund oder
ein junges Kätzchen?" und sagte ihr zu, was sie verlangte. Die
Nixe stieg wieder in das Wasser hinab, und er eilte getröstet
und gutes Mutes nach seiner Mühle. Noch hatte er sie nicht erreicht, da trat die Magd aus der Haustüre und rief ihm zu, er
sollte sich freuen, seine Frau hätte ihm einen kleinen Knaben
geboren. Der Müller stand wie vom Blitz gerührt, er sah wohl,
daß die tückische Nixe das gewußt und ihn betrogen hatte.

Da die Nixe aber lange Zeit verborgen bleibt, und der Sohn
des Müllers zu einem prächtigen Knaben heranwächst, beru-
higt sich der Vater. Der Sohn wird Jäger und heiratet bald darauf ein schönes Mädchen aus dem Dorfe. Auf einem Streifzug
gerät er an den alten Teich, wäscht sich dort die Hände und
wird von der Nixe ins Wasser gezogen.

Seine Frau sucht ihn am Abend vergebens, findet seine
Jagdtasche am Weiher und erinnert sich an die Geschichte von
der Nixe, die ihr der Jäger oftmals erzählt hatte. Sie bleibt am
Teich, und bietet alle psychischen und physischen Kräfte auf,
um ihren Mann wiederzufinden. Symbolisch betrachtet: Das
Wasser als Bild des Unbewußten verbirgt das Geheimnis ihres
Mannes. Als sie erschöpft zu Boden sinkt, offenbart sich ihr
unbewußtes Seelenleben im Traum, der ihr die Lösung (eine
sich öffnende Tür, in der eine alte Frau sitzt und freundlich
winkt) anzeigt.

In dem Augenblick erwachte die arme Frau.

Der Tag war schon angebrochen, und sie entschloß sich, gleich dem Traume Folge zu leisten. Sie stieg mühsam den Berg hinauf, und es war alles so, wie sie es in der Nacht gesehen hatte. Die Alte empfing sie freundlich und zeigte ihr einen Stuhl, auf den sie sich setzen sollte. „Du mußt ein Unglück erlebt haben", sagte sie, „weil du meine einsame Hütte aufsuchst." Die Frau erzählte ihr unter Tränen, was ihr begegnet war. „Tröste dich", sagte die Alte, „ich will dir helfen: da hast du einen goldenen Kamm. Harre, bis der Vollmond aufgestiegen ist, dann geh zu dem Weiher, setze dich am Rand nieder und strähle dein langes schwarzes Haar mit diesem Kamm. Wenn du aber fertig bist, so lege ihn am Ufer nieder, und du wirst sehen, was geschieht."

Die Frau kehrte zurück, aber die Zeit bis zum Vollmond verstrich ihr langsam. Endlich erschien die leuchtende Scheibe am Himmel, da ging sie hinaus an den Weiher, setzte sich nieder und kämmte ihre langen schwarzen Haare mit dem goldenen Kamm, und als sie fertig war, legte sie ihn an den Rand des Wassers nieder. Nicht lange, so brauste es aus der Tiefe, eine Welle erhob sich, rollte an das Ufer und führte den Kamm mit sich fort. Es dauerte nicht länger, als der Kamm nötig hatte, auf den Grund zu sinken, so teilte sich der Wasserspiegel und der Kopf des Jägers stieg in die Höhe. Er sprach nicht, schaute aber seine Frau mit traurigen Blicken an. In demselben Augenblick kam eine zweite Welle herangerauscht und bedeckte das Haupt des Mannes. Alles war verschwunden, der Weiher lag so ruhig wie zuvor, und nur das Gesicht des Vollmondes glänzte darauf.

Der Traum bleibt der Frau ein zuverlässiger Begleiter bei der Suche nach ihrem verschwundenen Ehemann. Stufe für Stufe, über alle Enttäuschungen hinweg, dringt sie mehr und mehr zur wahren Gestalt des Jägers vor, weil sie die Verkörperung der Weisheit, die alte Frau, immer wieder um Rat fragt und sie in ihrer Not um Hilfe bittet. So soll sie sich an den Teich setzen und Flachs spinnen.

Die Frau befolgte alles genau. Sobald der Vollmond sich zeigte, trug sie das goldene Spinnrad an das Ufer und spann emsig, bis der Flachs zu Ende und die Spule mit dem Faden ganz angefüllt war. Kaum aber stand das Rad am Ufer, so brauste es noch heftiger als sonst in der Tiefe des Wassers, eine mächtige Welle eilte herbei und trug das Rad mit sich fort. Alsbald stieg mit einem Wasserstrahl der Kopf und der ganze Leib des Mannes in die Höhe. Schnell sprang er ans Ufer, faßte seine Frau an der Hand und entfloh. Aber kaum hatten sie sich eine kleine Strecke entfernt, so erhob sich mit entsetzlichem Brausen der ganze Weiher und strömte mit reißender Gewalt in das weite Feld hinein. Schon sahen die Fliehenden ihren Tod vor Augen: da rief die Frau in ihrer Angst die Hilfe der Alten an, und in dem Augenblick waren sie verwandelt, sie in eine Kröte, er in einen Frosch. Die Flut, die sie erreicht hatte, konnte sie nicht töten, aber sie riß sie beide voneinander und führte sie weit weg.

Als das Wasser sich verlaufen hatte und beide wieder den trockenen Boden berührten, so kam ihre menschliche Gestalt zurück. Aber keiner wußte, wo das andere geblieben war; sie befanden sich unter fremden Menschen, die ihre Heimat nicht kannten. Hohe Berge und tiefe Täler lagen zwischen ihnen. Um sich das Leben zu erhalten, mußten beide die Schafe hüten. Sie trieben lange Jahre ihre Herden durch Feld und Wald und waren voll Trauer und Sehnsucht.

Als wieder einmal der Frühling aus der Erde hervorgebrochen war, zogen beide an einem Tag mit ihren Herden aus, und der Zufall wollte, daß sie einander entgegenzogen. Er erblickte an einem fernen Bergesabhang eine Herde und trieb seine Schafe nach der Gegend hin. Sie kamen in einem Tal zusammen, aber sie erkannten sich nicht, doch freuten sie sich, daß sie nicht mehr so einsam waren. Von nun an trieben sie jeden Tag ihre Herden nebeneinander: sie sprachen nicht viel, aber sie fühlten sich getröstet. Eines Abends, als der Vollmond am Himmel erschien und die Schafe schon ruhten, holte der Schäfer die Flöte aus seiner Tasche und blies ein schönes, aber trauriges Lied. Als er fertig war, bemerkte er, daß die Schäferin bitterlich weinte. „Warum weinst du?" fragte er. „Ach", antwortete sie, „so schien auch der Vollmond, als ich zum letztenmal dieses Lied auf der Flöte blies und das Haupt meines Liebsten aus dem Wasser hervorkam." Er sah sie an und es war ihm, als fiele eine Decke von den Augen, er erkannte seine liebste Frau: und als sie ihn anschaute und der Mond auf sein Gesicht schien, erkannte sie ihn auch. Sie umarmten und küßten sich, und ob sie glückselig waren, braucht keiner zu fragen.

Der Traum ist die königliche Straße zum Unbewußten, und der Schlüssel zum bewußten Seelenleben, das uns oft unerklärlich erscheint, liegt in der Region des Unbewußten. Insofern ist jeder Traum für uns ein Spiegel unserer unbewußten Seelenwelt. Die junge Frau hatte sich in ihrer Not auf den Weg gemacht, ihr Unbewußtes zu erkennen – und erkennt dabei nicht ohne Schmerzen ihre wahre Gestalt und die Gestalt, besser noch: das Wesen ihres Mannes. Die Brüder Grimm haben mit dem Märchen „Die Nixe im Teich" einen Text in ihrer Zeit gefunden und in die Zeit nach ihnen hinübergerettet, der den Menschen helfen kann, ihre Ganzheit, ihr wahres Wesen in Licht und Schatten, wiederzufinden.

# KAPITEL 7

# Im Herzen tragen

## Heilsames „Bilder-Depot"

Wer kennt nicht das berühmte Goethe-Zitat aus „Faust I":
„Was man schwarz auf weiß besitzt, kann man getrost nach
Hause tragen"? Das, was wir als fixiertes Wissen abrufen können, gibt uns ein Gefühl der Sicherheit, gleichgültig, ob es – zu
unserem Nutzen – auf Papier geschrieben oder elektronisch
gespeichert ist. Dies alles hat seine Berechtigung, und die Öko-
nomie des Computers erscheint in unserer Zeit als unverzichtbar. Wir haben heute die Möglichkeit, Sprache, Musik,
Zeichen und Bilder zu konservieren und jederzeit abzurufen.
Es wäre jedoch fatal, diesen technischen Errungenschaften
einen größeren Stellenwert einzuräumen, als ihnen zukommt.
Wir erinnern uns an die Wichtigkeit der eigenen Bilder, die in
unserer Seele entstehen und unser Ur-Persönliches ausma-
chen. Auch hier sei noch einmal Goethe genannt, der in gewis-
sem Sinn ergänzend zum obigen Zitat die Dimension seelischen Erlebens anspricht:

> „Erquickung hast du nicht gewonnen,
> wenn sie dir nicht aus eigner Seele quillt." (Faust I)

Wirkliche Ruhe, Erholung und Entspannung kommen nur
aus der Tiefe des seelischen Erlebens. Deshalb ist z. B. ein gutes Gedicht vor dem Einschlafen, das Bilder der Geborgenheit
und Zuversicht in uns hervorruft, in jedem Fall besser als eine
Schlaftablette. So findet man in dem kleinen bibliotherapeutischen Werk der Stuttgarter Ärztin Ilse Hofmeister, dem „Lyri-
schen Rezeptier-Büchlein", eigens ein Kapitel mit Gedichten,
die sie bei Schlaflosigkeit und schweren Krankheiten empfiehlt. Das Gedicht „Zuspruch", das keinen Verfassernachweis
besitzt, mag exemplarisch für die Auswahl stehen (vgl. Kapitel 10, S. 121).

Die Konzentration auf ein heilsames Gedicht kann von quälenden Gedanken und bedrückenden Vorstellungen ablenken, die manchmal keinen Schlaf zulassen. Unser Unbewußtes versucht ohnehin, uns durch wohltuende und beruhigende Bilder in den Schlaf hinübergleiten zu lassen. Diese hilfreichen Bilder, die zumeist spotartig, dabei durchaus diffus auftauchen, etwa als atmosphärische Erinnerung, lokale Vorstellung, ästhetisches Nachempfinden oder als positive Zukunftserwartung, haben nur die eine Funktion, das Einschlafen problemlos zu gestalten. Keineswegs soll in Abrede gestellt werden, daß bei großen seelischen Nöten, schmerzhaften Krankheiten oder übermächtig erscheinenden Problemen auf pharmazeutische Mittel zurückgegriffen werden muß.

An unserer seelischen Verfassung können wir indes intensiv mitwirken, und das nicht nur beim Einschlafen. Denken wir einmal an alte Menschen, die häufig viele Gedichte, Lieder und Geschichten aus ihrer Kindheit und Jugend noch wortwörtlich wiedergeben können. Was dies bedeutet, wird uns bewußt, wenn wir – vielleicht sogar in der eigenen Familie – beobachten, wie viele Menschen im Alter ihr Kurzzeitgedächtnis einbüßen. Aber auch in Krisenzeiten wird es sehr hilfreich sein, auf einen Vorrat von guten Texten zurückgreifen zu können und deren heilsame Kraft zu erfahren. So sollten Kindergarten und Schule schon dafür sorgen, daß sich junge Menschen ein solches „Depot" anlegen können. In diesem Zusammenhang darf auch auf die Renaissance des Memorierens hingewiesen werden: Gegenwärtig wird das oftmals zu Unrecht belächelte und in seiner weitreichenden Funktion verkannte Auswendiglernen als unverzichtbar für die geistige Entwicklung des Menschen wiederentdeckt.

### Bilder der Vergangenheit

Deutsch-Französischer Krieg 1870. Der Hallenser Professor Richard von Volkmann, zuerst als Generalarzt und Beratender Chirurg der Armee Chef der Lazarette in Mannheim, Sedan und Mouzon, befindet sich in der langen Belagerung von Paris. In den französischen Schlössern und Herrenhäusern haben sich die Stäbe des 4. Armeekorps eingerichtet; Volkmann hat sein Winterquartier auf Schloß Soisy bezogen. Fernab von Trommelwirbel, Kanonendonner und Metzeleien des Tages, nach den Strapazen mit Verwundeten und Sterbenden im Lazarett, zieht er sich in den Winternächten zu einem seltsamen Tun zurück: Er schreibt Märchen. Während die Scheite im Kamin prasseln, treten – wie er es im Vorwort zu seinen „Träumereien an französischen Kaminen" schildert – alte Gedanken in Leib und Gestalt hinter den großen dunklen Gardinen und aus den bunten Kattuntapeten hervor und drängen sich dicht an den Träumer heran. Es sind Gestalten und Bilder aus der Kinderzeit. Das nächtliche Schreiben verschafft ihm Ablenkung und geistig-seelische Entspannung, es läßt ihn neu Atem holen. In Feldpostbriefen schickt er zweiundzwanzig kleine literarische Kostbarkeiten in die Heimat, und nach der ersehnten Rückkehr findet er ein „förmliches Bändchen" vor. Unter dem Pseudonym Leander erscheint die erste Ausgabe 1871.

Unter dem Blickwinkel streng literarästhetischer Bewertung wird man diesem eigenartigen Phänomen nicht gerecht. Unzensiert wie im persönlichen Tagebuch, wo im ganz ursprünglichen Sinn „therapeutisches Schreiben" geschieht, treten bei ihm Träumereien jenseits von Form- und Stilzwängen nach außen. In einer Betrachtung über den Arzt und Dichter findet Thomas Regau hierfür die schlüssige Formel:

„Volkmann weiß aus ungezählten Schicksalen seiner Kranken, daß ein Sommertag, ein Gebet, ein Kuß der Geliebten stärker sein können als die dunklen Mächte, mit denen das Fatum uns einholt: Krankheit und Tod. So kann selbst ein holperiger Vers, wenn er nur aus heißem Kinderherzen kommt, das Schicksal beschwören und wenden."

### Das Geheimnis des Koffers

Mit dem letzten seiner Märchen, bezeichnenderweise mit dem Titel „Der alte Koffer" versehen, gibt uns Volkmann-Leander einen Einblick in die Geheimnisse seiner Erzählkunst. Es hat einen völlig anderen Charakter als die übrigen Märchen und steht nicht ohne Grund am Schluß. Auf originelle und humorvolle Weise verrät er hier mit einem Selbstporträt das verborgene „Depot" für seine feinfühligen und zauberhaften Geschichten. Der äußere Eindruck des Koffers ist eher abstoßend, aber in ihm befindet sich ein prachtvoller Kasten mit einem Inhalt, der mit Geld nicht zu bezahlen ist. Ein Fremder wird keinen Zugang zu diesem Koffer haben, ja sogar behaupten, es sei nichts Besonderes darin. Nur dem Besitzer selbst ist es vergönnt, der kleinen Märchenerzählerin zuzuhören. Wie gut, daß er bereit ist, alles für uns aufzuschreiben.

## Der alte Koffer

Ein alter Herr, der viel reiste, besaß einen Koffer. Schön war der Koffer nicht, aber grundhäßlich; denn er war mit struppigem Seehundsfell überzogen und hatte eiserne Bänder und Ekken. In dem Fell aber waren schon oft die Motten gewesen, und das eiserne Beschläge war stark verrostet, hatte auch mit der Zeit manchen Buckel und manche Schmarre bekommen.

„Der kann was vertragen", sagten die Kofferträger, wenn sie ihn aus dem Wagen hoben. Bums! warfen sie ihn hin, daß es krachte. Das war nun gerade nicht dazu angetan, die ohnedies schon üble Laune des alten Koffers zu mildern. Mit seinen eisernen Ecken stieß und knuffte er jeden, der ihm in den Weg kam: „Ihr braucht mir ja nicht zu nahe zu kommen", brummte er, wenn die andern Koffer, mit denen er zusammen reiste, sich darüber beklagten. „Ihr wollt euch doch bloß ansehn, wie struppig ich bin."

Aber der Herr, dem der Koffer gehörte, war ein Sonderling. Wenn er zu Haus war, mußte der Koffer stets in seiner Stube unter dem vergoldeten Spiegel stehen, obgleich es recht komisch aussah: der alte, häßliche Koffer in der sonst ganz hübschen, gemütlichen Stube. Und wenn er reiste und irgendwo einkehrte, war es stets das erste, daß er sich den Koffer bringen und neben sein Bett stellen ließ.

„Es wird wohl Geld im Koffer sein", meinten die Leute, „weil er ihn gar nicht aus den Augen läßt." Doch in diesem Punkte waren sie völlig auf dem Holzwege. Etwas darin war schon; aber Geld? Nein, Geld am allerwenigsten!

War nun der alte Herr ganz allein in der Stube, so drückte er auf eine geheime Feder. Schwupp! sprang der Koffer auf, und was war darin? Ein vollständig verschlossener, prachtvoller Kasten mit rotem Samt beschlagen und mit goldenen Tressen und Schnüren besetzt.

Sobald jemand anderes in die Stube eintrat: schnapp! schlug der Deckel zu.

Doch das Dienstmädchen des alten Herrn war sehr schlau. Einmal ließ sie die Schuhe vor der Türe stehen und schlich ganz leise in Strümpfen bis an den Koffer hin, der gerade offenstand.

Sie war schon ganz dicht daneben, und als sie es so rot und golden im Koffer blinken sah, vergaß sie sich und rief: „Herrgott, der alte Koffer ist ja wohl inwendig ganz hübsch!" Da merkte der Koffer, daß jemand Fremdes da sei. Schnapp! schlug er mit Gewalt zu und hätte ihr beinahe den Finger abgeklemmt; denn sie wollte eben hineingreifen, um sich zu überzeugen, ob es wirklich Samt und weich wäre.

„Pfui!" sagte sie erschrocken. „Was ist das für ein alter, garstiger Koffer; mit dem darf man sich gar nicht einlassen!" Wenn sie später jemand nach dem Koffer fragte, mit dem ihr Herr so geheim tue, und ob nicht irgend etwas Besonderes daran sei, erwiderte sie: es sei gar nichts an dem alten Koffer und darin noch weniger. Jeder Mensch habe seine Eigenheiten, besonders was alte, unverheiratete Leute seien. Ihr Herr habe nun einmal sein Herz an den alten, struppigen Koffer gehängt; weiter sei es nichts.

Aber es war doch etwas Besonderes in dem Koffer. Denn zuweilen riegelte der alte Herr vorsichtig sämtliche Zimmertüren zu, drückte auf die geheime Feder, so daß der Deckel aufsprang, horchte dann noch einmal, ob alles draußen still wäre, und wenn er niemanden hörte, hob er den roten Samtkasten aus dem Koffer heraus und setzte ihn vor sich auf den Tisch. Darauf drückte er auf eine zweite verborgene Feder am Kasten, und der rote Samtdeckel sprang auch auf.

Und was war darin?

Unglaublich, aber wahr! Eine ganz niedliche kleine Märchenprinzessin mit zwei langen Zöpfen hinten herunter und roten Hackenschuhen. Sie sprang auch sofort mit gleichen Beinen aus dem Kasten heraus, setzte sich darauf und ließ die

Beine baumeln – und das machte sie so reizend – und fing dann an, die allerhübschesten Märchen zu erzählen.

Und der alte Herr saß im Lehnstuhl und hörte ihr aufmerksam zu. –

Eines Tages, als sie eben mit Erzählen fertig war, sagte sie: „Ich habe dir nun schon so viele hübsche Märchen erzählt; ich glaube, du vergißt sie immer wieder. Kannst du sie nicht aufschreiben?"

„O ja", antwortete der alte Herr, „aufschreiben könnte ich sie schon, wenigstens so einigermaßen und freilich bei weitem nicht so hübsch, als du sie erzählst; aber es darf niemand wissen, woher ich sie weiß, und besonders nicht, daß du in dem alten Koffer steckst. Denn ich muß dich ganz allein haben. Sonst kommen gleich alle Leute und wollen dich besehen und tapsen dich mit ihren ungeschickten Fingern an. Der Samt am Kasten würde auch bald schlecht werden."

„Nein, um Gottes willen!" entgegnete die kleine Märchenprinzessin. „Aber wundern würden sich die Leute doch, wenn sie wüßten, wer in dem alten Koffer steckt."

Und dann lachte sie.

„Still!" sagte auf einmal der alte Herr. „Es klopft jemand an die Türe. Kriech rasch wieder in den Kasten." Sodann trug er eilig den Kasten in den Koffer. Schnapp! schlug der Deckel mit Seehundsfell zu, und als das Dienstmädchen – denn sie war es – hereinkam und den Tee brachte, stand der alte Koffer wieder ganz mürrisch und struppig unter dem Spiegel. Als sie an ihm vorbeiging, gab sie ihm heimlich und ohne, daß es der alte Herr merkte, einen Fußtritt und murmelte: „Alter garstiger Koffer, gestern hast du mir beinahe den Finger abgeklemmt!"

Das Verhältnis von Traum und Realität hat Thomas Regau treffend beschrieben: „Morgen wird der Erzähler wieder an den Lagern der Verwundeten und am Operationstisch stehen, der Gegenwart dienstbar, ein mitleidender Helfer, der sich selbst verzehrt. Niemand wird ahnen, daß der Generalarzt, der entschlossene Operateur, ein Träumer und ein heimlicher Dichter ist."

# Entlastende Bilder

Geschichten, Märchen, Fabeln und Gleichnisse haben einzelnen Menschen, Gruppen und ganzen Völkern geholfen, mit Zwängen und Leiden, mit Unterdrückung, Drangsalierung und Gefangenschaft fertig zu werden. So ist z. B. die Fabel in Gesellschaftsformen, die in Herren und Knechte teilten, bzw. in der Sklaverei entstanden. Sie war eine literarische Möglichkeit, gegen Brutalität und Heuchelei zu rebellieren, sich gegen Freiheitsentzug und Gewalt geistig zur Wehr zu setzen und mit den Herrschenden abzurechnen, ohne daß diese es bemerkten.

Die folgenden Beispiele, die Erfahrungen einzelner sowie kleiner und großer Gemeinschaften in Augenschein nehmen, sollen in ihrer Wirkung auf den heutigen Menschen dargestellt werden. Nicht von ungefähr spielen solche Texte auch Beobachtungen in der Natur wider. Denn nichts Besseres kann der naturentfremdete und technikbesessene Mensch tun, als Gegebenheiten und Vorgänge in der Natur zur Korrektur seiner Einstellung und für neue Lebensimpulse fruchtbar zu machen.

## Das Sonnenbad

Ameisen sind die einzigen Wesen, die den Frühling zu sich hereinholen können. Den Winter haben sie, zu Klumpen von je etwa 100 000 Tieren zusammengeballt und im Zustand einer grausig aussehenden Gliederverrenkung erstarrt, in einer Tiefe von etwa 1 Meter und einer Temperatur um 10 Grad überstanden.

In diesem kühlen Keller müßten sie aber noch lange stocksteif verharren, weil die erste Sonnenwärme ja keineswegs bis in diese Tiefe zu ihnen hinunterdringt. Deshalb unternehmen diese kleinen Honigtau- und Insektenfleischsammler, wie Wissenschaftler vor kurzem erforscht haben, folgendes: Sie sammeln Wärme.

Das geht so vor sich: Aus der Mitte des Leiberklumpens, wo es am wärmsten ist, kommen im Frühjahr ständig einige Arbeiterinnen vorgewärmt herausgekrochen, krabbeln an die Oberfläche der Tannennadel-Pyramide und schauen nach, ob schon die Sonne scheint. Falls es so ist, nehmen sie ein etwa zweistündiges Sonnenbad und tanken sich dabei gleichsam mit Wärme auf. Dann flitzen sie hinunter mitten in den Klumpen der steifgefrorenen Genossinnen hinein und geben ihnen etwas von ihrer Körperwärme ab.

In der Folge davon werden im Zentrum des Klumpens zwei oder drei Arbeiterinnen zum Leben erweckt. Diese marschieren nun in den Sonnenschein, laden sich mit Wärme auf und beleben damit wiederum je zwei oder drei Genossinnen, bis schließlich die ganze Gesellschaft bei einer Nesttemperatur von 25 Grad ein krabbelndes Gewimmel ist (Vitus B. Dröscher[18]).

Diese „Geschichte", die gar nicht wie ein Sachtext, sondern wie ein Tiermärchen anmutet, ist ein Bild für gelingende Gemeinschaft. Einerseits wird veranschaulicht, wie eine Gemeinschaft durch Arbeit verbunden ist, andererseits steht das selbstverständliche, uneigennützige Miteinander eindrücklich im Mittelpunkt. Von alters her ist die Arbeit der Ameise als vorbildhaft überliefert und zur Nachahmung empfohlen (vgl. z. B. Sprüche 6, 6: „Gehe hin zur Ameise ..., betrachte ihre Weise, auf daß du klug werdest."), so daß sie sich zur Übertragung auf die menschliche Gemeinschaft geradezu anbietet.

Die Ausgangslage erinnert an menschliche Ballungsräume, an die Anonymität, die Kälte und die dekadenten Formen, in denen Menschen existieren müssen. Das gilt aber keinesfalls nur für Großstädte oder Wohnsilos. Auch eine Gemeinschaft wie etwa eine stagnierende Gemeindegruppe oder ein lebloser Mitarbeiterkreis kann von ähnlichen Defiziten betroffen sein. In solchen Situationen der Kraftlosigkeit und Erstarrung ist es tröstlich zu wissen, daß es irgendwo doch noch etwas Wärme gibt, die zu Impulsen führen kann. Da ist es gut, wenn man die Mitte findet.

Die Depotwirkung dieser Geschichte liegt in ihrer Symbolkraft und Übertragbarkeit beschlossen. Die Bilder fordern zur Stellungnahme heraus:

---

[18] In: Das Leben besteht aus vielen kleinen Münzen, Postkartenbuch 3, hrsg. von Jürgen Schwarz, Gelnhausen 1979.

- Wer leistet in unserer Gemeinschaft eigentlich Pionierarbeit?
- Gern lasse ich mich von anderen erwärmen – und dann?
- Das „Auftanken" und „Sichfüllenlassen" ist eine notwendige Voraussetzung, um Kraft und Energie zu schöpfen. Was bedeutet die Sonne für mich?
- Nur wenn alle mitmachen, kann die Arbeit gelingen. Bei dem gemeinsamen Werk hat jeder einzelne eine wichtige Aufgabe.

Die Ameisen können exemplarisch für den Umgang mit den Dingen und für Gemeinschaftsprozesse stehen. Im folgenden soll am Beispiel der alttestamentlichen Josefsgeschichte (1. Mose 37–50) aufgezeigt werden, welche Erzählmotive ein ganzes Volk prägten. „Das erzählende Wort ist mehr als Rede, es führt das, was geschehen ist, faktisch in die kommenden Geschlechter hinüber, ja das Erzählen ist selber Geschehen, es hat die Weihe einer heiligen Handlung."[19]


## Josef der Träumer

### – Der Gesandte des höchsten Gottes

„Könnten wir wohl einen Mann finden, in dem der Geist Gottes wäre wie in diesem?" (1. Mose 41,37) Das spricht der ägyptische Pharao, der den Sonnengott Ra als höchsten Gott anbetet, sich selbst als dessen Sohn versteht und den Stern Sirius als Tochter des Sonnengottes verehrt. Die Sonne war das stärkste Licht und die größte Wärmequelle, die die Ägypter kannten. Und Sirius, von den Ägyptern Sopdit genannt, war der hellste Stern in der Nacht. Ist es so abwegig, diese Himmelskörper zu verehren?

Der Pharao bekommt es mit einem anderen Gott zu tun. Er merkt, daß der Gott dieses ehemaligen Sklaven und Gefängnisinsassen Josef über gewaltige Macht verfügt und den Seinen hilft. Ihm wird deutlich: Dieser Gott erhöht das, was niedrig ist, er bringt das Verachtete und Verlorene zu Recht und Ehren, er kann aus Not und Leid zu Wohlstand und Glück

---

[19] Martin Buber: Die Erzählungen der Chassidim, 9. Aufl., Zürich 1984, 5.

führen. Deshalb versieht der Pharao Josef mit den höchsten Würden und behandelt ihn wie den Gesandten des mächtigsten Gottes. Wer ist dieser Josef, und wie äußert sich der Geist Gottes in ihm?

## – Abenteuer des Glaubens

Auf den ersten Blick mutet die Josefsgeschichte wie ein Märchen an, wie ein exotisches Abenteuer aus Tausendundeiner Nacht. Da ist der eigenwillige phantasiebegabte jüngere Sohn, es gibt Geschwisterkonflikte, böse Brüder, Gewalt, Verbannung, Visionen und Bewährungsproben. Doch am Schluß steht der mißverstandene und ausgestoßene Bruder als Prinz und Retter da. Diese Geschichte ist jedoch weitaus komplizierter und tiefgründiger. Sie beginnt mit einer Familientragödie und endet mit einem Versöhnungsgeschehen. Aber die Familienkonstellation ist hier nicht so sehr entscheidend, sondern vielmehr die Beziehung des Menschen zu Gott. In der Gestalt Josefs steht – ebenso wie bei Abraham – ein Repräsentant Israels vor uns, ein Vorbild des Glaubens und Vertrauens. Die Erfahrung, daß alle Widerstände und alle bösen Absichten und Taten der Menschen letztlich den Beistand Gottes und seine Führung nicht zunichte machen können, ist grundlegend für den Glauben Israels wie für den Glauben schlechthin. Eine solche Erfahrung macht aber nur der, der sich wie Josef zu den Geboten Gottes bekennt, auch wenn ihm dies Nachteile bringt.

## – Seltsame Träume

Josef steht in einem starken Spannungsfeld. Auf der einen Seite ist der Vater, der mit großer Liebe an ihm hängt und ihn ganz offensichtlich vorzieht. Auf der anderen Seite sind die Brüder, die argwöhnisch alles verfolgen, was zwischen Vater und Sohn geschieht. Hat er doch gerade wieder einen neuen Mantel bekommen, dieser Träumer. Hübsch aussehen genügt nicht. Man braucht Kraft – und vor allem einen klaren Blick für die Realität. Deshalb erzählt er wohl immer von seinem starken Gott.

Josef hat seltsame Träume. Er träumt vom Feld und vom Firmament. Jeder Hirte wünscht sich vielleicht einmal, vom Erdboden in den Himmel aufzusteigen. Aber Josef weiß mit

den Träumen nichts Rechtes anzufangen. Er träumt, seine Äh-
rengarbe auf dem Feld richte sich auf, und die Garben seiner
elf Brüder neigten sich tief vor ihr. In einem anderen Traum
verneigen sich sogar Sonne, Mond und elf Sterne vor ihm. Als
Josef seinen Brüdern dies Träume ganz unbefangen erzählt,
werden sie wütend. Ein Muttersöhnchen als König, vor dem
sich alle verneigen? Bei nächster Gelegenheit muß man ihm
einen Denkzettel verpassen.

– *„Ich suche meine Brüder!"*
Josef ist naiv. Er erzählt seine Träume nicht aus Angeberei. Er
begreift sie selber nicht. Vielleicht können die anderen helfen,
sie zu deuten. Joef merkt nicht, wie er seine Brüder in Zorn
bringt. Er hat seine Brüder lieb. Er erwartet nichts Böses von
ihnen. Eines Tages schickt sein Vater Jakob ihn zu den Brüdern auf die Weiden. Er soll nachsehen, ob es ihnen gut gehe.
Als er hilflos auf dem Feld umherirrt, fragt ihn ein Mann, was
er denn suche. Josef antwortet seiner Einstellung und seinem
Auftrag gemäß: „Ich suche meine Brüder!" (1. Mose 36,16).
Mit Hilfe des Mannes findet er den richtigen Weg zu ihnen.
Doch diese Suche wird zu einer Todesfalle. Die Gelegenheit
ist da; jetzt mag es sich zeigen, was aus seinen Träumen wird.
Ruben, der älteste der Brüder, kann den Mord gerade noch
verhindern. Aber auch er ist dafür, daß der Träumer ver-
schwinden muß, erst in der Zisterne, dann in der Sklaverei.
Vorüberziehenden Händlern verkaufen die Brüder den Wehr-
losen für ein paar Silbermünzen. Der Vater glaubt, Josef sei
tot, da die Brüder seinen zerrissenen Mantel mit Ziegenblut ge-
tränkt haben. Er ist todunglücklich. Für die Brüder ist es nicht
einfach, den Vater leiden zu sehen. Aber Josefs starker Gott
hätte sich ja bemerkbar machen können.

– *Begehrter Sklave in Ägypten*
Wer in die ägyptische Sklaverei gerät, hat keine Chance mehr.
Aber Josefs Gott läßt sich selbst vom Sklavenmarkt nicht ver-
bannen. Es ist kein Zufall, daß Josef in das Haus Potifars
kommt, eines mächtigen Mannes am Hof des Pharao. Es dauert nicht lange, so wird Josef Aufseher über das Haus und die
Güter Potifars. Er ist sehr geschickt und überall beliebt, ja zu

beliebt, denn die Frau Potifars hat schon lange ein Auge auf den schönen Hebräersklaven geworfen. Wenn er ein ordentliches Gewand trägt, ist er von einem Prinzen überhaupt nicht zu unterscheiden.

Wer kennt nicht die berühmte Geschichte, die in vielfältigen Variationen die Weltliteratur bereichert? Potifars Frau begreift nicht, warum Josef ihrem Liebesbegehren widersteht. Anfänglich meinte sie, mit dem ehemaligen Sklaven leichtes Spiel zu haben. Josef sieht durchaus ihre Schönheit und findet sie auch begehrenswert. Aber er weiß: Wir können nicht so tun, als ginge uns das nur ganz allein an. Zwei sind noch dabei, die mit betroffen sind, nämlich Potifar und Gott. Aus diesem Grund ist seine Absage ganz klar:

„Alles hat mir dein Mann anvertraut, es gibt nichts, was er mir nicht übergeben hätte. Nur dich allein hat er mir vorenthalten, weil du seine Frau bist. Wie sollte ich da ein so großes Unrecht begehen und gegen Gott sündigen?" (1. Mose 39, 8–9)

Die Frau versucht es immer wieder, doch ihr sinnliches Bemühen stößt auf taube Ohren. Eines Tages schreitet sie zur Tat und zieht den jungen Mann am Mantel auf ihr Lager. Als Josef keine andere Möglichkeit als die Flucht sieht, schreit sie das ganze Haus und ihren Mann herbei und dreht den Spieß um: „Dieser hebräische Sklave, den du, mein geliebter Gatte Potifar, ins Haus geholt hast, wollte mich verführen; er versuchte es sogar mit Gewalt. Als ich schrie, lief er fort. Hier der Beweis!" Und sie zeigt den Mantel vor, den sie Josef weggerissen hat. Wer wollte einer Frau diese Geschichte nicht glauben? Potifar muß sich entscheiden. Verletzte Eitelkeit bringt Josef ins Gefängnis.

## – Traumkarriere

Die Träume, die Josef in die Sklaverei brachten, bringen ihn auch wieder aus dem Gefängnis heraus. Nur sind's diesmal nicht seine eigenen Träume. Gefängnisinsassen träumen, und der Pharao träumt, und alle finden keine Ruhe. Josef kann die Träume deuten. Nein, Josef sagt das richtiger: „Traumdeutung steht bei Gott. Doch erzählt mir einmal" (1. Mose 40, 8). Sieben magere Kühe – so der Traum des Pharao – fressen sieben fette Kühe auf; sieben leere Ähren verschlingen sieben volle Ähren. Josef ist die Deutung klar: Erst kommen sieben gute Jahre, in denen es reiche Ernte gibt. Dann folgen sieben Hungerjahre. Und er empfiehlt ein Programm für Vorratswirtschaft: Große Speicher und zukunftsträchtige Vorräte können über die sieben mageren Jahre hinweghelfen.

Vom Gefängnis an den Hof Pharaos – in der Tat eine Traumkarriere! Aber wie kann man am Hof eines Andersgläubigen arbeiten, noch dazu im Amt eines Ministers? Und wie kann man eine Ägypterin heiraten, noch dazu die Tochter eines ägyptischen Priesters? Der Pharao selbst gibt die Antwort: „Könnten wir wohl einen Mann finden, in dem der Geist Gottes wäre wie in diesem?" Nicht Josef stellt sich auf den ägyptischen Gott ein, sondern der Pharao gibt dem Gott Josefs Raum. Und die Priesterstochter Asenat, wenigstens ebenso schön wie Potifars Frau, hat längst erkannt, daß die ägyptischen Götter Sterne sind, der Gott Josefs aber lebt. Und auch sie möchte es mit einem lebendigen Gott zu tun haben.

## – Reuige Brüder

Oft denkt Josef an seine Brüder. Er möchte sie wiedersehen, sich mit ihnen versöhnen. Die wirtschaftlichen Verhältnisse kommen ihm dabei zu Hilfe. Denn nach rund sieben Jahren gibt es auch in Kanaan nichts mehr zu essen. Die Hungersnot treibt die Brüder direkt in Josefs Arme. Natürlich erkennen sie den herrschaftlich gekleideten Minister des Pharao nicht als ihren Bruder. Er selbst kann nur mühsam an sich halten und möchte sich am liebsten zu erkennen geben. Das tut er erst nach der zweiten Getreidereise der Brüder und einer dramatischen Bewährungsprobe (1. Mose 44), in der die Brüder beweisen, daß sie nicht mehr hartherzig sind. Sie lassen ihren jüngsten Bruder Benjamin nicht im Stich, sondern stehen mit ihrem Leben für ihn ein.

Hatte Josef nicht am Anfang geträumt, daß sich die Früchte des Feldes und die Sterne vor ihm verneigten? Ganz Ägypten bringt dem Hebräer Hochachtung entgegen, und die hungernden Brüder beugen sich vor dem Gebieter über die Kornkammern, der sie am Leben erhalten kann. Als die Brüder auf seine

Einladung nach Ägypten ziehen und auch sein alter Vater den vermeintlich Umgekommenen in die Arme schließen darf, zieht Josef das Fazit der langen und bewegten Geschichte: „Ihr zwar gedachtet mir Böses zu tun, aber Gott hat es zum Guten gewendet" (1. Mose 50,20).

Diese Geschichte gegen menschliche Enttäuschung, gegen Angst und Verzweiflung hat nicht nur dem jüdischen Volk, sondern zahllosen anderen Menschen Mut gemacht, ihr Vertrauen zu Gott nicht fortzuwerfen und die Hoffnung nicht aufzugeben. Sie ist eine alte Geschichte, in ihren Motiven aber zeitlos.

### Bilder der Geborgenheit

Wenn wir nach der heilsamen „Depot-Wirkung" von Texten fragen, können wir an den Psalmen der Bibel nicht vorbeigehen. Denn wie kein anderes Buch der Bibel ist der Psalter mit seiner Sammlung von 150 Psalmen ein Buch fürs Herz. Er kann als das Lieder- und Gebetbuch der Juden wie auch der Christen bezeichnet werden.

Die Psalmen reden meist in klaren starken Bildern. Der Leser soll sie unmittelbar auf sich wirken lassen, muß sie zum Teil aber auch in seine jeweilige Lebenssituation übertragen. Als gute Dichtung ermöglichen die Psalmen auch dem modernen Menschen Zugang zu ihrer Gedankenwelt. Die Sprache – hier vor allem in der Übersetzung Luthers – rührt an Urbilder menschlichen Zusammenlebens oder der Gott-Mensch-Beziehung. Psalmen lauschen den Vorgängen des Lebens die geeignete Ausdrucksweise ab, um zu Verständigung, Verdeutlichung und Deutung beizutragen. Deshalb nimmt es nicht wunder, wenn eine pädagogische Veranstaltung unserer Tage das Thema hat: „Schüler(innen) entdecken sich selbst in den Psalmen." Die Psalmen wollen ihre ursprüngliche Kraft weitergeben. Sie halten es aber auch aus, daß sie in Frage gestellt oder gar mit Gegenbildern beantwortet werden.

Daher sind Psalmen geeignet, auch heutiges Leben zu erfassen und darüber ins Gespräch zu kommen. Sie geben Beispiele für gelungene Lebensbewältigung im Vertrauen auf Gott. Sie verzichten auf Ausgewogenheit und Schönfärberei; sie zeichnen ein Bild vom wirklichen Menschen. Diese Wahrhaftigkeit macht sie sympathisch und auch für Jugendliche nachvollziehbar. Man spürt ihnen ab, daß hier Menschen so mit Gott sprechen, wie es ihnen ums Herz ist. Und man gelangt zu dem Schluß: Ich darf auf meine ganz persönliche Art mit Gott sprechen. Die Anrede „mein Gott" ist typisch für den Psalm und spiegelt die vertrauensvolle Gottesbeziehung wider. In den Psalmen finden sich Denkanstöße und Hilfen zur seelsorgerlichen Aussprache; mit ihnen lassen sich neue Lebensbereiche entdecken. Das ist auch das Geheimnis, warum sich die Psalmen über Jahrhunderte als Gebete der jüdischen und christlichen Gemeinde gehalten haben.

In den Psalmen erscheint sehr häufig die Klage des verängstigten und ohnmächtigen Menschen. Klagen ist keine Versündigung gegen Gott, im Gegenteil: Hier wird der Mensch in seiner Not ganz ernst genommen. Die Psalmen stellen uns den Menschen vor, der Gott seine ganze Hilflosigkeit und Verzweiflung hinschreit, ja ihn anklagt, aber nicht aufhört, mit ihm zu sprechen. Oftmals geht in einem Psalm die Klage zur Bitte über, zur Kundgabe des Vertrauens, und am Ende stehen vielfach erstaunlicherweise Dank und Lob Gottes. Allein schon das Gespräch mit Gott hat Veränderung bewirkt. In vielen Psalmen steht der Dank im Vordergrund. Der Dankbare vergißt die großen Taten Gottes am Volk nicht und erinnert sich an die Wohltaten Gottes in seinem Leben. Das Lob Gottes in den Psalmen führt von der eigenen Person weg und lenkt die Gedanken auf Gott. Der Lobende kann sich selbst relativieren und das Wesentliche erkennen.

Der 23. Psalm ist einer der schönsten und bekanntesten Texte in der Bibel. Für viele Menschen ist er ein Begleiter durch das Leben, weil er Ruhe ausstrahlt und Trost und Zuspruch vermittelt. Der Psalm bezeugt, daß Gott in guten und schweren Tagen, ja auch angesichts des Todes, seine Verheißung der Orientierung, der Versorgung und Bewahrung erfüllt. Es ist ein Psalm der Lebensfreude, aber auch ein Psalm gegen die Angst. Deshalb regt besonders dieser Psalm immer wieder dazu an, sich selbst darin wiederzufinden.

# KAPITEL 8

# In die Kindheit fliehen

## Wüste Erfahrungen

In der Kindheit macht jeder Mensch „wüste" Erfahrungen: Der Bilderstrom der kindlichen Phantasie, die hereinbrechenden, in kindlicher Naivität durchaus real erlebten Situationen, das Spüren wachsender Kraft und die Erfahrung der Ohnmacht gegenüber den Erwachsenen und auch der gegenständlichen Welt rufen im Kinde Spannungen und Triebregungen hervor, die es ausagieren muß.

Es liegt gewiß in den Tiefenschichten der menschlichen Seele begründet, daß die Menschen von je her in seltsamer, fast ambivalenter Weise von einer Wüstenlandschaft angezogen und abgestoßen wurden. Solches unbewußtes Wissen kommt auch in den sprachlichen Äußerungen zum Ausdruck, mit denen wir andere Menschen typisieren oder auch entwerten: „Geh doch in die Wüste!" oder: „Das ist ein *wüster* Geselle!"

Offenbar haben sich über jahrtausendelange Erfahrungen hin in der Menschheit Bilder festgesetzt, daß die Wüste ein schlimmer Ort ist, von endloser Weite, öd und leer, von Sand- und Staubstürmen beherrscht, von gnadenloser Sonne ausgetrocknet, von extremen Temperaturschwankungen heimgesucht. Biblische Gestalten wie Abraham, Josef, Mose und Elia haben oftmals die Wüste so erlebt. Dies Bild aber wäre zu einseitig gemalt und würde eigentlich nur der menschlichen Sicherungstendenz folgen, die in allem Unwirtlichen sogleich auch die „Un-Natur" zu sehen bereit ist. Gestalten wie Johannes der Täufer und Jesus, der Christus, konnten gerade der Wüstenlandschaft wichtige Anregungen, aber auch vor allem Kräfte der Kontemplation entnehmen.

Mein eigenes Bild von der Wüste wurde zum erstenmal in

der Kindheit geprägt, als ich von meiner Schwester das Buch von Walt Disney, „Die Wüste lebt", erzählt oder vorgelesen bekam und dann auch den gleichnamigen Film sehen durfte. Hinzu kamen Karl Mays „Wüstenromane", die ich bald lesen konnte. Da tat sich mir eine fremde Welt auf, exotisch und verführerisch, gefährlich und unwirtlich gleichermaßen, und doch – wenn ihre Zeit gekommen ist – eine Welt vielfältigen Lebens in Flora, Fauna und in den Menschengestalten, die dort leben. Furchterregende Geheimnisse, versunkene Kulturen, Legenden und Abenteuererzählungen, Romane und Expeditionsberichte rundeten das Bild von der Wüste ab.

Als ich mich später mit dem Studium der menschlichen Seele befaßte, erkannte ich auch in mir solche kollektiv unbewußten, Angst auslösenden Vorstellungen von der Wüste. Noch heute läuft mir ein gewisser Schauer über den Rücken, wenn ich Bilder aus der Wüste sehe, in denen Menschen Gefahr von einer Schlange droht. Das Hineinschauen in die „wüsten Gegenden meiner Seele" förderte aber auch noch andere Dinge zutage: Die Fatah Morganas der Wüste erkannte ich mit zunehmender Bewußtwerdung meines Selbst, aber auch die konkreten Erlebnisse von Geborgenheit, Liebe und Zuwendung, die ich durch Menschen an meinem Lebensweg erfahren durfte. Sie standen oftmals am Rande meiner Wüstenträume und winkten mir freundlich zu. Indem ich mich auf sie verließ, ihnen vertraute, überwand ich auch Phasen der „seelischen Wüstenwanderschaft".

Als mir dann später seelsorgerliche Aufgaben angetragen wurden, konnte ich Einblicke in Menschenschicksale nehmen, die unmittelbar wüsteste Erfahrungen in ihrem Innersten widerspiegeln.

Nun kann man nicht alle Erfahrungen vergessen, geschweige denn ungeschehen machen. Mir will aber ein Vergleich nicht mehr aus dem Sinn: Der Alkoholiker säuft, weil er sich schämt, und er schämt sich, weil er säuft. Fast scheint mir, als wolle er aus Angst vor seiner inneren Leere, vor seiner seelischen Wüste, davonlaufen, indem er die Angst vor der Einsicht in die Wirklichkeit seines innersten Zustandes betäubt: Seine Seele ertrinkt in Unmengen von Alkohol.

Scheinbar ausweglose Situationen führen oft die Gefahr

herbei, ihnen auf einem „Hilfsweg" zu entkommen zu wollen. Der Ertrinkende greift nicht umsonst nach jedem rettenden Strohhalm, obwohl er eigentlich weiß, daß der Strohhalm ihn im Meer nicht tragen kann. In der seelsorgerlichen Beratung gebrauche ich dann dem seelisch Ertrinkenden gegenüber gern die Fabel von den beiden Fröschen, die in ein großes Milchglas gefallen sind. Der eine von ihnen hat wenig Kraft. Seine Schwimmversuche erlahmen bald, und er ertrinkt im „Meer der Muttermilch". Der andere unternimmt alle Anstrengungen, strampelt und strampelt, bis die Milch zur Butter gerinnt und er wieder festen Boden unter den Füßen gewinnt (vgl. hierzu auch das ausführliche Beispiel auf Seite 26).

Ich denke, so kann man auch das Bild des in seiner Seele ausgetrockneten oder ertrinkenden Menschen beschreiben: In der Wüste darf man den Blick für andere Kräfte des Körpers, des Geistes oder der Seele nicht verlieren. Wer hundert Meter vor der Oase liegen bleibt und sich nicht weiterschleppt, wird kurz vor dem Ziel verdursten. Wer vor der Tür einer AA-Gruppe oder eines Arztes stehen bleibt, läuft Gefahr, den rettenden Strohhalm nicht mehr wahrzunehmen.

## Notlandung in der Wüste

Was aber hat das mit der Kindheit zu tun? Das soll uns eine Geschichte erklären, die heute wieder zu den Bestsellern der modernen Literatur zählt: Ein Flieger muß auf seiner Wüstenroute notlanden, weil die Maschine versagt. In der Wüste aber hat er den Tod vor Augen, wenn er nicht zufällig einen Menschen trifft. Sein Mut sinkt, weil er die grenzenlose Weite der Wüstenlandschaft oft genug aus der Vogelperspektive sehen konnte. Die kognitiven Fähigkeiten reichen also nicht hin, an einen guten Ausgang der Notlandung zu *denken*. Die Lage ist durchaus deprimierend. Vor lauter Verzweiflung sieht er keine Alternative mehr. In der Sonne verdorren? In der Dürre verdursten? Die Maschine, die ihn im Stich ließ, nun auch im Stich lassen? Er weiß ja, daß der Weg da heraus unmenschlich weit ist.

Der findige Leser unseres Buches merkt inzwischen, daß es

sich hier um die Geschichte des „kleinen Prinzen" von Exupéry handelt, der dem notleidenden Flugzeugführer in der wüsten Situation zu Hilfe kommt. Der kleine Prinz symbolisiert
jene seelischen Kräfte, die dem bewußt lebenden, rational den-
kenden, die Technik beherrschenden, aufgeklärten Menschen
abhanden gekommen zu sein scheinen.

Der abgestürzte Flieger erinnert sich an seine glückliche
Kindheit, an den Schulunterricht und an die komischen
Sichtweisen und Einstellungen der Erwachsenen, die sich nie
eine Riesenschlange vorstellen konnten, die doch einen Elefanten verdaute. Wie blöd doch die Erwachsenen waren, wie
dumm und unverständig: Sie sahen immer nur einen Hut,
wenn er sein „Meisterwerk opus 1" den Erwachsenen zeigt.
Sie sahen nur einen Hut, weil sie für alles Erklärungen
brauchten.

Am Morgen des ersten Tages nach seiner Notlandung steht
plötzlich der kleine Prinz vor ihm. Der bittet den verblüfften
Erwachsenen, ihm ein Schaf zu zeichnen. An die Zeichnung
des Erwachsenen knüpft er hohe Anforderungen, und er ist
erst zufrieden, als der Erwachsene ihm eine Holzkiste zeichnet,
die verschlossen ist. In der Holzkiste aber ist das vollkommene
Schaf verborgen.

Allmählich lernt der Pilot den kleinen Prinzen näher kennen: Er kommt von einem winzigen Planeten, wo er Verantwortung für die Affenbrotbäume und drei Vulkane hat. Als er
eines Tages bei aufgehender Sonne entdeckt, wie sich eine einzige Rose auf seinem Planeten entfaltet, ist er von ihrer Schönheit überwältigt. Er verliebt sich in sie und er beginnt, sie zu
umhegen und zu beschützen. Die Rose braucht diese „Umsor-
gung" des kleinen Prinzen, denn sie empfindet viel stärker als
er Zugluft und Nachtkälte.

Im alltäglichen Umgang jedoch ist die Rose sehr schwierig.
Der kleine Prinz entwickelt Gewissensbisse und Schuldge-
fühle, ob er der Rose überhaupt genügen kann. Er möchte sich
dieser großen Verantwortung entziehen und reist ab zur Erde,
obwohl er auch bald bereut, überhaupt abgereist zu sein. Die
Rose aber offenbart ihm, wie lieb sie ihn habe und daß sie die
Trennung keineswegs gewollt habe, wünscht ihm aber dennoch eine ihm Glück bringende Reise.

Seine Reise zur Erde ist recht ereignisreich. Auf verschiedenen Planeten begegnet er unterschiedlichsten Erwachsenengestalten: Dem König, dem Eitlen, dem Säufer, dem Geschäftsmann, dem Laternenanzünder und dem Geographen. Alle Erwachsenen hinterlassen bei ihm den Eindruck von Eitelkeit, Nichtigkeit und Unfähigkeit, sich selbst zu lieben. Dialogunfähigkeit, seelische Isolation und Egozentrik kennzeichnen ihren Charakter. Bei ihnen kann der kleine Prinz nicht bleiben. Er geht zur Erde.

### Die Schlange als Helfer?

In der Wüste trifft er zuerst auf die Schlange, die ihm verspricht zu helfen, falls er wieder zu seinem Planeten zurückkehren möchte. Als er durch die Wüste wandert und auf einen Rosengarten trifft, ist er traurig: Die Einzigartigkeit seiner Rose wird in Frage gestellt. „Seine Blume hatte ihm erzählt, daß sie auf der ganzen Welt einzig in ihrer Art sei. Und siehe! da waren fünftausend davon, alle gleich, in einem einzigen Garten!... Ich glaubte, ich sei reich durch eine einzigartige Blume, und ich besitze nur eine gewöhnliche Rose. Sie und meine drei Vulkane, die mir bis ans Knie reichen und von denen einer vielleicht für immer erloschen ist, das macht aus mir keinen sehr großen Prinzen ... Und er warf sich ins Gras und weinte."

Dann erscheint ihm der Fuchs, der ihn das „Zähmen" lehrt: Man muß sich mit einem Menschen oder einer Sache vertraut machen. Zum Abschied gibt ihm der Fuchs ein Geheimnis mit auf den Weg: „Hier mein Geheimnis. Es ist ganz einfach: man sieht nur mit dem Herzen gut. Das Wesentliche ist für die Augen unsichtbar." Der Prinz wiederholt die Worte, um sie sich einzuprägen. Und der Fuchs fügt unter anderem noch hinzu: „Du bist zeitlebens für das verantwortlich, was du dir vertraut gemacht hast. Du bist für deine Rose verantwortlich ..." Und auch dies wollte sich der kleine Prinz merken.

Der kleine Prinz beschließt, zu seiner Rose zurückzukehren, denn er ist ja schon fast ein Jahr fort. Deshalb begibt er sich zu dem Ort in der Wüste, wo er der Schlange begegnete. Dort trifft er auf den notgelandeten Flieger, den er mit der Aufforderung, „zeichne mir ein Schaf", aus seiner Grübelei reißt. Aus Angst, das Schaf könnte nun auf seinem Planeten die einzige Rose fressen, malt ihm der Flieger noch einen Maulkorb.

Die Wege der beiden trennen sich, nachdem sie ausgiebig über die Geheimnisse der Menschen geplaudert haben. Der Pilot kann seine Maschine reparieren, der kleine Prinz wird von der Schlange gebissen. Er will sich allein auf den Weg machen, doch der Erwachsene folgt ihm:

„‚Du hast nicht recht getan. Es wird dir Schmerz bereiten. Es wird aussehen, als wäre ich tot, und das wird nicht wahr sein ...'

Ich schwieg.

‚Du verstehst. Es ist zu weit. Ich kann diesen Leib da nicht mitnehmen. Er ist zu schwer.'

Ich schwieg.

‚Aber er wird daliegen wie eine alte verlassene Hülle. Man soll nicht traurig sein um solche alten Hüllen ...'"

Der Flieger bleibt zurück und verläßt den Wüstenort. Es kommen ihm aber Zweifel, ab er alles richtig gemacht hat. Denn ihm fällt plötzlich ein, daß er vergessen hat, zum Maulkorb auch einen Lederriemen zu malen, damit der kleine Prinz ihn auf seinem fernen Planeten dem Schaf in der Kiste umbinden kann. So quält den Piloten die Frage, ob das Schaf die Rose gefressen hat oder nicht.

## Die einzigartige Rose

Eugen Drewermann hat mit seinem Buch „Das Eigentliche ist unsichtbar"[20] eine spannende und bewegende, weil die Biographie des Autors erhellende tiefenpsychologische Deutung des Märchens vom kleinen Prinzen vorgelegt. Ich selbst habe schon an anderer Stelle[21] von diesem Büchlein als einem „bibliotherapeutischen Lehrbuch par excellence" gesprochen.

---

[20] Eugen Drewermann / Ingritt Neuhaus: Das Eigentliche ist unsichtbar. Der kleine Prinz tiefenpsychologisch gedeutet. Freiburg 1984, 4. Auflage.
[21] Vgl. Udo Kittler: Für Peter – oder was ist Bibliotherapie? In: Raab, Peter (Hrsg.): Heilkraft des Lesens, Freiburg 1988.

Für tiefenpsychologisch denkende Interpreten steht außer Zweifel, daß in der Symbolkraft der Rose, aber auch in der Beziehung des kleinen Prinzen zu seinem Libidoobjekt, eben dieser „einzigartigen Rose", das Geheimnis der Mutter-Kind-Beziehung des Autors verborgen liegt. Das Geheimnis der Rose ist das Geheimnis der Mutter. Der Autor verwendet zur Darstellung seines Geheimnisses zahlreiche Symbole, die durch ihre Dynamik überraschen. In Abwandlung des Titels von Eugen Drewermann könnte man hierzu auch sagen: „Das Eigentliche ist unsagbar."

Der „Unsagbarkeitstopos" spielt im Fortgang der Handlung und der Dialoge des „kleinen Prinzen" eine öfters zwar verborgene, aber umso wichtigere Rolle. Über die Menschen und deren Streben nach Erkenntnis sagt der kleine Prinz zum Flieger: „‚Und dabei kann man das, was sie suchen, in einer einzigen Rose oder in einem bißchen Wasser finden ...!' – ‚Ganz gewiß', antwortete ich. Und der kleine Prinz fügte hinzu: ‚Aber die Augen sind blind. Man muß mit dem Herzen suchen!'"[22]

Neben der idealtypischen Beschreibung der einzigartigen Rose, die etwas an Glanz verliert, weil es ja auch Rosenfelder mit 5000 Rosen gibt, fällt natürlich die zentrale Figur auf: Warum haben Rosen Dornen? Oder – tiefenpsychologisch gesehen – übersetzt: Warum kann diese so schöne und liebenswürdige Mutter ‚stechen' und so verletzend sein? Die Antwort, die der Erwachsene gibt („aus Bosheit") befriedigt den kleinen Prinzen nicht, denn damit geriete sein positives Mutterbild in Gefahr. Also kommt er zu der Überzeugung, daß seine Mutter doch nur schwach und unbeschützt ist und er sich deshalb um sie kümmern, sie umsorgen und behüten muß.

Dem Autor Exupéry gelingt mit dieser Darstellung ein regressiver Akt: Er setzt sich mit seiner eigenen Kindheit auseinander. Die phantasiebetonte gedankliche, stärker wohl aber unbewußte Rückkehr in die eigene Kindheit führt ihm einen Kindheitskonflikt vor Augen, der exemplarisch ist: Die Mutter ist das beschützende Wesen und ist doch auch schwach und hilflos. Und als Kind möchte man gern groß und stark sein,

---

[22] Antoine de Saint-Exupéry: Der kleine Prinz, Karl Rauch Verlag Düsseldorf, Neuauflage Herbst 1965, 59.

auch die Rolle des Vaters übernehmen, oder, wenn er nicht da ist, ihn womöglich ersetzen. Und dennoch muß man als kleiner Junge immer wieder scheitern, weil diese Aufgaben über die eigenen Kräfte gehen. Erst viel später kann dem erwachsenen Kind bewußt werden, daß man doch die Mutter schützen konnte, aber auf kindlich-naive Art: Manche Mütter haben deshalb Ehekonflikte ausgehalten, weil sie mit dem zeitweilig in Konflikt lebenden Partner etwas Gemeinsames haben: ein Kind. Man mag dies heute beiläufig anders sehen, aber ich weiß aus eigener und auch mir in der Seelsorge mitgeteilter Erfahrung, wie oft gerade die Naivität der Kinder, aber auch ihr spezielles „Sosein", Eltern aus der Krise gerettet hat.

### Paradies im Mutterleib

Neben der Rose rückt ein anderes Symbol in das Blickfeld: Der kugelrunde Planet, zu dem der kleine Prinz zurückkehrt. Die Psychoanalyse deutet dies als die Urerfahrung des Säuglings an der Mutterbrust. Ich denke aber, daß man hier über diese spezielle Sinndeutung hinausgehen kann, wenn man die Begriffe C. G. Jungs zur Interpretation hinzunimmt: Die Kugel ist das Symbol für die Ganzheit des Uroborus, für die einzigartige Beziehung zwischen Mutter und ungeborenem Leben. Das ungeborene Kind erlebt diesen paradiesischen Zustand im Mutterleib, wo es keinen Hunger, keinen Durst und auch keine Kälte verspürt. Insofern offenbart uns diese Episode des kleinen Prinzen die regressive Sehnsucht nach dem Urzustand im Mutterleib. Und es ist in diesem Sinne gewiß nicht abwegig, daß der Autor selbst, wie andere Menschen auch, sich in extremer Situation nach diesem Paradies zurücksehnt. Die Rückkehr des kleinen Prinzen auf seinen Planeten spiegelt eben diesen unbewußten Wunsch des Erwachsenen nach dem schon einmal erlebten Frieden im Mutterleib. Der rationale, von der Technik des „Machens" geleitete Mensch aber muß sich diesem Wunsche verschließen, will er nicht einen Teil seiner rationalen Persönlichkeit abspalten.

# Der kleine Prinz kehrt zurück

Aus bibliotherapeutischer Sicht wird an der Geschichte deutlich, daß es in extremen Situationen hilfreich sein kann, sich an die eigene Kindheit erinnern zu können, also hinabzusteigen in die tiefsten Tiefen der eigenen Seele. Das muß nicht, wie Freud sagte, nur auf dem Weg des Traumes geschehen, sondern, weil Träumen und literarisches Schaffen ähnliche Prozeßmerkmale aufweisen, der Weg zum eigenen Selbst kann auch vermittels der Symbolkraft von Dichtung gelingen.

Wie sehr nämlich die Geschichte vom kleinen Prinzen in diese Richtung hin anregen kann, das konnte ich selbst wieder erfahren, als ich bei der Fertigstellung dieses Manuskriptes den Schluß der Geschichte erneut durchdachte. Exupéry schreibt an seine Leser:

„Wenn dann ein Kind auf euch zukommt, wenn es lacht, wenn es goldenes Haar hat, wenn es nicht antwortet, so man es fragt, dann werdet ihr wohl erraten, wer es ist. Dann seid so gut und laßt mich nicht weiter so traurig sein: schreibt mir schnell, wenn er wieder da ist ..." (S. 69).

In der Einsamkeit der Studierstube verspürte ich spät am Abend den Antrieb, die Geschichte fortzusetzen. Spontan schrieb ich einen fiktiven Brief an Antoine de Saint-Exupéry. Dieser Brief versetzte mich selbst in meine Kindheit zurück: Manche Erinnerungen traten dabei zutage, die längst vergessen schienen.

Ich wurde mir dieses regressiven Aktes voll bewußt, denn ich war auch durch die Tagesgeschäfte der letzten Wochen arg erschöpft. Dennoch aber spürte ich, wie die seelischen Kräfte in mir wuchsen, diese Geschichte fortzusetzen. Also schrieb ich meine ersten „Briefe an Antoine", von denen einer folgenden Inhalt hatte:

Lieber Antoine!
Um es Dir ohne Umschweife zu sagen: Er ist wieder da! Ich begegnete ihm gestern, am St. Nikolaustag des Jahres neunzehnhundertachtundachtzig, mitten in der Großstadt, im Trubel des Weihnachtsmarktes. Er hatte, wie Du geschrieben hast, goldenes Haar, lachte und kam direkt auf mich zu.

Ich erinnerte mich plötzlich ganz genau der Geschichte, die Du von ihm erzählt hast, weißt Du, als Du einmal in der Wüste notlanden mußtest. Das ist gewiß schon lange her. Ich kenne diese Zeit nur vom Hörensagen und natürlich aus den von Erwachsenen geschriebenen Geschichtsbüchern, vor allem aber von dem, was sich auch heute noch Erwachsene über diese Zeit erzählen. Ich selbst lebte damals ja noch nicht.

Allerdings, nachdem ich viel später Deine Geschichte vom kleinen Prinzen gelesen hatte, wunderte ich mich sehr darüber, was die Erwachsenen so alles erzählten. Stell Dir vor, Antoine, je älter sie wurden, umso mehr erzählten sie von einem Krieg, in dem Du auch umgekommen sein sollst. Wie sagte doch Dein kleiner Prinz, als er von der Erde fortmußte: „Es wird aussehen, als wäre ich tot, und doch, das wird nicht wahr sein ..."

Ich glaube, als Du damals mit Deiner Maschine ins Meer stürztest, da ist nur ein Teil von Dir hineingefallen in das todbringende Meer. Vielleicht nur Deine alte, verlassene Hülle. Aber, wie der kleine Prinz schon sagte: Man soll nicht traurig sein um solche alten Hüllen.

Ach, lieber Antoine, ich bin ganz verwirrt, seit ich den kleinen Prinzen wiedersah. Vor allem habe ich versucht, mit ihm zu reden. Er schwieg. Und das war doch das Zeichen!

Ich hätte ihn gewiß zum Erzählen gebracht, wenn da nicht dieser grobschlächtige, aber immerhin fein gekleidete Herr dazwischen gekommen wäre. Er sah nämlich den kleinen Prinzen nicht, stolperte über ihn, stieß dabei auch noch andere Leute um, und nach dem Durcheinander, dem Gezeter und Geschrei der Erwachsenen war der kleine Prinz wieder verschwunden.

Seitdem bin ich etwas durcheinander. Denn das wäre es doch gewesen, wenn ich den kleinen Prinzen hätte sprechen können. Wie konfus ich seit gestern bin, erkennst Du daran, daß ich einfach drauflosschreibe und mich noch gar nicht vorgestellt habe. Verzeih, lieber Antoine, aber es liegt wohl daran, daß der Kleine mir ausgerechnet am Nikolaustag über den Weg laufen mußte. Wo ich doch gerade noch als Kind im ersten Schuljahr an den wahren und echten Nikolaus glaubte!

Als also der kleine Prinz da gestern so vor mir stand, wie Du ihn beschrieben hast, mit den goldenen Haaren und seinem Lachen, da war ich plötzlich nicht mehr auf dem Weihnachtsmarkt, nein, da stand ich plötzlich in meiner Schulklasse, damals, als ich gerade sechs Jahre alt war. Ich war genauso alt wie Du, als Du die Riesenboa gemalt hast, die einen Elefanten verschlungen hatte. Wenn ich so gut wie Du, Antoine, malen könnte, dann würde ich jetzt den Nikolaus malen und die Erwachsenen, die nicht mehr an ihn glauben.

Was doch die Erwachsenen für dumme Menschen sind. Heute ist es gang und gäbe, daß kaum noch Menschen an irgend etwas glauben, geschweige denn an den kleinen Prinzen. Deshalb sind sie blind, und sie können auch nicht mehr mit dem Herzen sehen. Ob das wohl an den Zeitungen liegt, die immer neue schlimme Nachrichten bringen?

Jetzt habe ich schon wieder den Faden verloren. Ich wollte Dir doch schreiben, wie ich noch im ersten Schuljahr an den Nikolaus glaubte. Aber das kann ich Dir ja im nächsten Brief schreiben, denn jetzt war es doch für Dich viel wichtiger, daß ich den kleinen Prinzen wiedergesehen habe. Und das weißt Du nun, lieber Antoine.

Also, dann bis bald. Übrigens: Du brauchst nicht gleich zu antworten, denn ich kenn Dich ja gut aus Deinen Büchern ...

Herzlichst Dein

Ps.: Der Brief an Dich blieb wegen der Post noch einen Tag liegen. Und stell Dir vor: Gestern stürzte auch ein Flieger ab, mitten in eine große Stadt hinein. Die Leute sagten, es sähe dort aus wie im Krieg. Wie gut, daß Du, als Du abstürzen mußtest, die Maschine ins Meer lenken konntest.


### Der Traum vom Fliegen

„Der kleine Prinz" fordert also zum Dialog mit dem Autor heraus, aber auch zum Dialog mit der eigenen Seele des Lesers. Die Seele des Lesers kann auch öd und leer sein. Er kann sich „verwüstet" und „ausgetrocknet" fühlen. Einsamkeit und Verlorenheit kann also auch von innen her erlebt werden. Wüste als Symbol für seelische Vereinsamung kann auch Ausdruck von Unfruchtbarkeit und geistig-seelischem Stillstand sein [23].

---

[23] Tietze, H. G.: Imagination und Symboldeutung. München 1986, 253.

Diesem innerseelischen Zustand versucht der Autor Ex-upéry durch das Fliegen gegenzusteuern: Fliegen – das ist die männliche Gegenwelt zur Mutter, denn es verheißt Befreiung aus den vielfältigen Abhängigkeiten, aus dem Zustand des „Muttersöhnchens" hinauszukommen.

Fliegen kann aber auch im höheren Sinne „eine Losbewegung von der Mutter Erde aus eigener Kraft" symbolisieren, wie es ja auch in dem ewigen Wechselspiel von Yin (dem Erdhaften) und Yang (dem Himmlischen) in der chinesischen Mythologie vorkommt.

Der uralte Traum vom Fliegen symbolisiert darüber hinaus die Sehnsucht des Menschen nach Freiheit, Intellekt und Macht, die ja auch der Mythos von der Vertreibung des Menschen aus dem Paradiese literarisch gestaltet und von der die Wissenschaftsgeschichte durchdrungen ist seit der Antike.

Schließlich gibt der Autor Exupéry sein Geheimnis selber preis: Fliegen, das heißt in der Kanzel der Maschine sitzen, und das bedeutet für ihn, wie ein ungeborenes Kind im Leib der Mutter zu sein.

Der kleine Prinz und der Flieger symbolisieren also die dualistischen Züge des sich entwickelnden Menschen: Als naiver Mensch möchte er gern im Paradiese, in der totalen Abhängigkeit der Mutter bleiben, als erkennender und rational denkender Mensch will er sich aus der Bindung lösen, will „Freiheit über den Wolken" erringen und bricht dazu ständig wieder auf, um doch zur Mutter Erde zurückzukehren.

### Die Geschichte von „Mein, mein Mein"

So wie der kleine Prinz tragen auch andere literarische Gestalten archetypische Wesenszüge des „göttlichen Kindes". Da ist zum Beispiel die Geschichte von „Mio, mein Mio", die Astrid Lindgren geschrieben hat. Allerdings wird hier, anders als beim kleinen Prinzen, die Vater-Sohn-Beziehung literarisch entfaltet:

Der neunjährige Bo Vilhelm Olsson lebt in Stockholm bei seinen Pflegeeltern. Seine Freunde nennen ihn Bosse. Sein erstes Lebensjahr hat er im Kinderheim verbracht, bis Tante

Edla und Onkel Sixten ihn zu sich holen. Trotzdem fühlt er sich unglücklich, weil er spürt, daß seine Pflegeeltern etwas gegen ihn haben. Nur wenige Menschen mögen ihn: Sein Freund Benka, Benkas Vater und Tante Lundin, die Obsthändlerin.

Bosses Mutter war bei seiner Geburt gestorben, und von seinem Vater sagen die Leute, er sei ein Lump. Nur Bosse selbst weiß ganz genau, daß sein Vater kein Lump ist. Bosse sehnt sich nach seinem wirklichen Vater und weint manchmal, wenn er an ihn denkt.

Eines Tages erhält Bosse von Tante Lundin einen wunderschönen Apfel dafür, daß er eine Karte für sie zum Briefkasten bringen soll. Als er die Karte einwerfen will, bemerkt er, daß die Buchstaben wie Flammenschrift leuchten. Bosse kann nicht widerstehen und liest die Karte:

„An den
KÖNIG
LAND DER FERNE
Er ist auf dem Weg, er, den du so lange gesucht hast. Er reist durch Tag und Nacht, und er hält in der Hand das Zeichen, den goldenen Apfel."

Bosse begreift zunächst nicht. Dann aber schaut er auf den Apfel in seiner Hand. Der Apfel ist aus Gold. Ängstlich und unsicher setzt er sich auf eine Bank im Tegnérpark. Plötzlich entdeckt er eine Flasche mit einem Holzpfropf, in der sich etwas bewegt. Die Märchen aus „Tausendundeine Nacht" sind ihm wohlvertraut, und er kennt besonders die Geschichte vom Geist in der Flasche. Und in der Tat: In der Flasche ist ein Geist, der auf den Flaschenhals zeigt und befreit werden möchte. Obwohl sich Bosse fürchtet, öffnet er bald die Flasche, und mit großem Brausen fährt ein riesiger Geist aus der Flasche. Der Geist will den vor Angst zitternden Bosse belohnen. Er erkennt am Zeichen des goldenen Apfels, daß er denjenigen gefunden hat, den er in das Land der Ferne bringen soll. Der Geist trägt ihn auf eine Insel mitten im Meer, und bald schließt ihn sein Vater, der König, in die Arme. Der Vater sagt ihm, daß er neun Jahre nach ihm gesucht habe und nennt seinen Sohn nun „Mio, mein Mio". Alles ist gut.

In diesem ersten Kapitel des Buches wird sehr schön dargestellt, wie Wirklichkeit, Traum und Lese-Erlebnis („Der Geist in der Flasche") ineinander übergehen und welche kompensatorische und therapeutische Wirkung das Versinken in eine andere Welt haben kann.

Durch das Traum-Erlebnis, das Bo Vilhelm Olsson hatte, ist er ein anderer Mensch geworden. Er sieht seine „alte Welt" nicht mehr so negativ, oder vielmehr: sie kann ihm nicht mehr Böses anhaben. Im Land der Ferne hat er seinen wirklichen Vater gefunden, einen Vater, der ihn liebt, ihn versteht, ihm aber auch etwas zutraut. Durch den Glauben an seinen Vater kann er die Unbill der wirklichen Welt ertragen und sich auch dagegen zur Wehr setzen.

Der Leser nimmt teil an den Erfahrungen Bosses. Er wird in die Handlung, vor allem auch in die Angst, hineingerissen. Angst aber wird hier nicht nur ausgelöst, sondern mit den Erlebnissen und Erkenntnissen des Bosse auch überwunden. Inmitten der Angst vor Dunkelheit, Alleinsein und Ausweglosigkeit zeigen sich Lösungswege, die oftmals unerklärlich und wunderbar erscheinen, aber doch so, daß Hoffnung nicht zuschanden wird. Am Ende steht die Erlösung: „Mein, mein Mein!"

Dies alles liest oder hört der Leser oder der Hörer nicht einfach, *er erlebt es*. Wirkung vollzieht sich in der Dynamik der Symbole. Das Symbol schließt Tiefen der Wirklichkeit auf, die sonst verschlossen bleiben. So reicht die verändernde Kraft der Symbole in das alltägliche Leben. Natürlich wird eine belastende Situation nicht allein durch das Symbol geändert, was sich jedoch verändern kann, das ist das Bewußtsein, die Einstellung zu den Fakten einer Situation: Mein Verhältnis zum Geschehen selbst wird dadurch verändert. So kann es tatsächlich geschehen, „daß ich die Situation zuversichtlich bejahe, statt auf ihre Änderung zu hoffen, daß ich den Mut empfange, ein bedrohliches Ereignis zu bewältigen, statt sorgenvoll auf ein ‚Wunder' zu warten."[24]

---

[24] Sigurd Daecke: Wunder, in: Theologie für Nichttheologen. ABC protestantischen Denkens, hrsg. von H. J. Schultz, Stuttgart 1966, 392.

# KAPITEL 9

# Einen neuen Weg sehen

## Rettung durch Geschichten

Unter den zahlreichen Büchern, die Willi Fährmann geschrieben hat, hebt sich „Der überaus starke Willibald" (Würzburg 1983) in besonderer Weise hervor. Hier geht es nicht nur um ein phantasievolles Plädoyer für das Lesen, sondern auch um das Verhältnis von Geschichtenerzählen und Macht. Geschichten sind in diesem Buch ein Mittel gegen die Diktatur, die der selbsternannte Boß Willibald in einer Mäusegesellschaft ausübt. Dieses Gegenmittel provoziert Willibald geradezu, als er sich eine nach Mäuseart harte Strafe für Lillimaus ausdenkt. Der Boß kann Lillimaus nicht leiden, weil sie sich von der grauen Mausesippe abhebt: Sie hat ein weißes Fell und rote Augen. Zur Strafe für ihr Anderssein, das angeblich eine Gefahr für die Mäuseschar bedeutet, wird Lillimaus in die Bibliothek verbannt, während die anderen Mäuse in die himmlische Speisekammer dürfen. Doch Lillimaus macht aus der Not eine Tugend. Sie bringt sich selbst das Lesen bei, indem sie aus Langeweile in einem Buch zu blättern beginnt und die Buchstaben des ABC entschlüsselt. Und sie entdeckt das Geheimnis von Geschichten. Den anderen Mäusen versucht sie zu erklären, was das Faszinierende am Lesen und das Wesen der Geschichten sei. Mäusefriederike versucht, die unbekannte Materie zu begreifen:

*„Was ist das, lesen?" fragte Mäusefriederike ratlos. „Ist das etwas, was du fressen kannst?"*

*„Nein, nein", antwortete Lillimaus und lachte. „Lesen, das ist wie fliegen, fliegen aus unserer Küchentür hinaus hoch über die*

Bäume im Garten hin und weiter, immer weiter in fremde Länder und ferne Welten."

„Wie fliegen ist das, Lillimaus?" staunte Mäusefriederike. „Du kannst wirklich und wahrhaftig fliegen, wie die Menschenköchin es immer erzählt von den fliegenden Fischen, oder etwa so geschickt fliegen wie eine Fledermaus? Dann kannst du dich ja bis zum Würste- und Schinkenhimmel emporschwingen." „Nicht so, liebe Freundin. Lesen, das ist wie segeln, segeln den Bach hinter dem Garten hinab und weiter, immer weiter durch reißende Ströme und endlose Meere."

„Du segelst, Lillimaus? Mit einem richtigen Segelboot, so wie der kleine Menschenriese in der Badewanne eines schwimmen läßt, mit so einem Boot wagst du dich aufs Wasser? Wasser hat keine Balken, sagt die Köchin, denk daran!"

„So wohl nicht, Friederike. Wie soll ich es dir nur verständlich machen? Lesen, ja, das ist wie sehen mit andern Augen." Friederike schaute Lillimaus lange in die Augen, aber die leuchteten rot und klar wie bisher. „Lillimaus, sag mir, ist es dir nicht ganz wohl?" fragte Mäusefriederike besorgt.

„Niemals zuvor habe ich mich wohler gefühlt, Schwesterherz. Ich will dir doch nur erklären, wie das ist, das Lesen. Weißt du, in jeder Geschichte findest du ein Stück von dir selbst. Du lernst dich selbst besser kennen."

Mäusefriederike schwieg. Sie wußte gar nicht mehr, was sie von Lillimaus denken sollte. Wo hatte Lillimaus sich denn verloren, daß sie sich selbst suchen mußte? War sie am Ende vor Hunger, Angst und Alleinsein übergeschnappt? „Wo fliegst du, segelst du, siehst und findest du denn?" fragte sie verschreckt. „In der Bibliothek, Friederike. Dort ist es wie in einer verwunschenen Schatzhöhle. Tausend verschlossene Schatzkisten, und ich habe den Zauberschlüssel dazu." „Gänseschmalz? Quittengelee? Hundert süße Honigkuchen?" staunte Mäusefriederike.

„Nein, Freundin. Tausend Bücher, und in jedem Buch Geschichten, Geschichten, Geschichten." (S. 37)

(...)

„Ist es mit dem Lesen wie mit dem Küssen?" fragte Mäusefriederike plötzlich. Lillimaus konnte sich das Lachen nicht verkneifen. Was für ein verrückter Einfall. Mäusefriederike wurde verlegen und verteidigte sich: „Ich dachte, es ist wie in dem Mär-

*chen, das die Menschenköchin dem kleinen Menschenriesen so oft erzählt. Es ist wie bei Dornröschen?"*

*„Wie kommst du auf Dornröschen?"*

*„Die Geschichten schlafen in den Büchern. Nicht wahr, Lillimaus?" Lillimaus nickte.*

*„Dann kommt einer, der liest und weckt sie auf. Das ist doch genau wie bei Dornröschen. Die wurde auch erst wieder lebendig, als der Prinz sie wachgeküßt hatte. Die Geschichten erwachen zum Leben, die Rosen beginnen zu duften, der Koch ohrfeigt den Küchenjungen, und Dornröschen blättert in einem Buch ..."*

*„Hör auf, hör auf, Friederike", unterbrach Lillimaus sie. Sie lachte, daß ihr die Tränen rannen, und sagte schließlich: „Du wirfst ja alles durcheinander." Dann aber wurde sie still und nachdenklich und sagte: „Du hast es begriffen, meine liebe Freundin. Du hast ein sehr, sehr schönes Beispiel gefunden."*

*„Lesen müßte man können", seufzte Mäusefriederike. Ihr Blick schweifte sehnsüchtig über die tausend Bücher, die sich da Rücken an Rücken drängten, und sie flüsterte: „Fliegen, segeln, finden, sehen, wachküssen." Sie träumte vor sich hin. Schließlich fragte Mausefriederike.*

*„Sag mal, Lillimaus, kannst du wirklich alle Geschichten wecken, die in den Büchern schlafen?"*

*„Alle", antwortete Lillimaus stolz. Die Uhr im Wohnzimmer schlug. „Schon sieben", rief Lillimaus. „Schnell ins Loch, und hüte mir gut mein Geheimnis." (S. 39)*

Dieser Dialog veranschaulicht treffend, auf welche Emotionen und Einsichten derjenige verzichten muß, der keinerlei Beziehung zum Lesen hat. Er stellt aber auch vor Augen, wie aufregend die Entdeckung des Lesens ist, welche Dynamik von Geschichten ausgeht und was Erzähltes bewirken kann. Auf die belebende Komponente des Lesens weist Lillimaus folgendermaßen hin:

„... es sind viele hundert Bücher in der Bibliothek zu finden. Und in jedem einzelnen steht eine andere Geschichte. Für Abwechslung ist also gesorgt. Lesen ist niemals eintönig." (S. 39)

Auf den Einwand von Mäusefriederike, der Spaß sei doch vorbei, wenn man alle Bücher gelesen habe, antwortet Lillimaus:

> „Wenn ich sie in der Länge und Breite gelesen habe, dann lese ich sie in der Tiefe. Da ist, glaube mir, noch manche Überraschung zu erwarten." (S. 39)

In diesem Buch wird das Thema „Lesend überleben" um eine tragikomische Variante bereichert. Lillimaus kann die kleine graue Gesellschaft davor bewahren, daß ihr Schlimmes widerfährt. Sie erkennt nämlich die Gefahr, die von einer Mausefalle mit verführerischem Speck ausgeht, weil sie deren Gebrauchsanweisung entziffert. Durch das Verhalten einiger Mäuse sieht der überaus starke Willibald seine Autorität untergraben. Er ist darüber so erbost, daß er zu toben anfängt. Aufgrund einer unkontrollierten Bewegung löst er die Mechanik der Falle aus, die ihm sein Statussymbol, den langen Mauseschwanz, abschlägt. So haben letztlich die Buchstaben den Tyrannen entmachtet und den verängstigten Mäusen einen neuen Weg gebahnt.

Fährmanns Buch zeigt den Lesern, daß Lesen schön sein kann und etwas erleben läßt, das durch nichts anderes ersetzbar ist. Dramatisch und begeisternd gleichermaßen werden hier übertragbare Kennzeichen des Lesens vermittelt: Für Lillimaus war das Lesen Trost und Bereicherung, es schützte sie vor der Verzweiflung in der Bibliothek. Lesen eröffnete für Lillimaus eine neue Welt, bewirkte aber auch die Wende im Zusammenleben des ganzen Mäuserudels. Lesen verhalf zur Alternative.

## Ermutigung durch Briefe

Tagebücher und Briefe gehören wohl zu den Schriftstücken, die das ganz Persönliche des Menschen repräsentieren. Angefangen bei den Briefen des Apostels Paulus, weist die Weltliteratur eine Fülle von autobiographischen Zeugnissen, Bekenntnissen und Enthüllungen sowie berühmte Briefe bzw. Briefwechsel auf. Oftmals kann man Leben und Werk eines

Menschen erst dann in rechter Weise beurteilen und würdigen, wenn man seine persönlichen Briefe kennt. Solche Briefe sind in der Regel Dokumente des Vertrauens zum Adressaten und Dokumente der Wahrhaftigkeit. Sie gewähren Einblick in die Seele des Verfassers und sprechen direkt zur Seele des Lesers. Viele Briefe haben den Charakter eines Vermächtnisses. Ohne diese Überlieferungen und Aufzeichnungen wäre die Literatur ärmer, müßte vielleicht sogar – ohne die Lyrik in ihrer Gestaltungskraft verringern zu wollen – auf ihre subjektivsten Ausdrucksmöglichkeiten verzichten.

Briefe wollen gelesen und beantwortet werden. Unter dieser Perspektive schreibt der Verfasser. Schreiben und Lesen stehen hier also in einem unauflösbaren Zusammenhang. Schon das Schreiben selbst kann beruhigend und heilsam sein. Man äußert sich urpersönlich und schreibt Konflikte, Nöte, Zweifel, Ängste aus sich heraus. Ein auf Papier fixiertes Problem ist verobjektiviert, besser greifbar und daher leichter zu bearbeiten. An dieser Stelle sei nur auf die Möglichkeiten der Briefseelsorge hingewiesen, die sich heute steigenden Zuspruchs erfreut (vgl. Werner Jentsch: Schreiben befreit. Einführung in die Briefseelsorge, Wuppertal 1981). Vielen Menschen wurde dadurch schon geholfen, wieder Vertrauen zu sich selbst und zu anderen zu gewinnen und neue Wege zu beschreiten.

### Vermächtnis für eine Tochter

Poesie kann – rezipiert oder selbst hervorgebracht – seelische Prozesse in Gang setzen, die zur Gesundung des psychisch gestörten oder kranken Menschen beitragen. Diese Erfahrung macht sich die Poesietherapie zunutze. Sie versucht den leidenden Menschen zum Aufschreiben seiner tiefsten Gefühle zu bewegen, um dann anhand dieser Äußerungen im therapeutischen Gespräch dem jeweiligen Krankheitsbild zu begegnen und neue Einsichten, Einstellungsänderungen und Lösungswege anzubahnen. Bei Menschen, die sich auf eine solche Therapie einlassen, haben wir es dann zumeist tatsächlich mit Dichtung zu tun, mit verdichteter Sprache aus dem Seelenleben, die die Signale und symbolhaltigen Botschaften aus dem

Unbewußten zum Ausdruck bringt. Hilarion Petzold berichtet in seinem Beitrag „Poesie – und Bibliotherapie mit alten Menschen, Kranken und Sterbenden" (Poesie und Therapie, Paderborn 1985) von einer schwerkranken Patientin, die durch harte Schicksalsschläge gezeichnet war. In ihren letzten beiden Lebenswochen arbeitete sie mit Hingabe an etwa 40 Gedichten und trug sie in ein Album als „Vermächtnis für ihre Tochter" ein. Der betreffende Abschnitt sei aus dem Bericht Petzolds wiedergegeben:

„Frau F. hatte ihre Tochter kurz nach der Geburt in ein Heim gegeben und sie erst mit acht Jahren, nach einer erneuten Heirat, wieder zu sich geholt. Das Verhältnis blieb gestört. ‚Ich bin nie mehr an mein Kind herangekommen. Ich hab ihr viel Liebe gezeigt. Ich konnte das erst zu spät. Sie hat mich total abgelehnt. Erst in den letzten beiden Jahren und jetzt, während der Krankheit, ist es ein bißchen besser geworden. Richtig reden können wir nicht miteinander.' Das ‚Vermächtnis' sollte der Tochter nach ihrem Ableben übergeben werden. Der erste Text des Bandes lautet:

> *VERMÄCHTNIS*
>
> *Was kann ich dir hinterlassen?*
> *Eine letzte Berührung,*
> *einen Wunsch für dein Leben?*
> *Von Herzen, mit aller Liebe*
> *wünsche ich dir,*
> *im Leben geborgen zu sein.*
> *Das hab ich gefunden, Geborgenheit,*
> *ich.*
> *Glaube mir, es gibt sie.*
> *Ich, selbst ich, habe sie gefunden.*
> *Nimm, was ich schreibe,*
> *wie ein letztes Streicheln deines Gesichts.*
> *Zart,*
> *wie ich es vielleicht nie vermochte.*
> *Es gibt diese Zartheit!*
> *Ich fühle sie*
> *für dich.*

Der Gedichtband ist eine letzte Kommunikation, und mehr noch, er steht für einen Dialog, der nie stattfinden konnte, ist eine Mitteilung, die in der Intensität und Innigkeit weder der Tochter entgegengebracht werden noch von dieser angenommen werden konnte. Die Gedichte des Bandes über ‚Die Blume‘, ‚Die Tränen‘, ‚Nachtstunden‘, ‚Verlorene Zeit‘, ‚Meiner Hände Arbeit‘, ‚Meine Mutter‘, ‚Mein Vater‘, ‚Meine Kindheit‘, ‚Ich hatte eine Puppe‘ usw. waren autobiographische Zeugnisse, Erlebnisse und Erfahrungen, mit der die Mutter sich ihrer Tochter verständlich machen wollte, ihr vermitteln wollte, was für ein Mensch sie geworden war, wodurch sie so geworden war. Keine Entschuldigung, keine Appelle, kein Werben um Verständnis war in diesen Texten.

> *Du sollst mich kennen,*
> *ich kannte meine Mutter nicht!*
> *Du sollst mich kennen,*
> *weil auch ich dir unbekannt blieb.*
> *Du sollst mich kennen, denn ich möchte dir –*
> *in letzter Stunde noch –*
> *den Spiegel geben, der mir fehlte:*
> *das Herz der Mutter,*
> *die Liebe der Mutter,*
> *die Hände der Mutter.*
> *Glaube mir – es ist so schwer,*
> *sich zu lieben, ohne das alles.*
> *Erst jetzt – in letzter Stunde noch –*
> *beginne ich*
> *mich zu lieben.*

Für die Tochter war das ‚Vermächtnis‘ eine Konfrontation, die lebensverändernd wirkte. Das Büchlein wurde ihr von der Schwester/Poesietherapeutin mit einem konkreten Gesprächsangebot übergeben: ‚Ich habe das Entstehen dieser Gedichte miterlebt. Ihre Mutter hat mit mir über viele dieser Texte gesprochen. Wenn Sie sich mit mir über den Inhalt dieses Bändchens unterhalten möchten, werde ich das gerne tun. Vielleicht hilft es Ihnen, das eine oder andere besser zu verstehen.‘ “ (S. 287f.)

## „Behalt das Leben lieb!"

In seinem preisgekrönten Buch „Behalt das Leben lieb" (Recklinghausen 1976) zeichnet Jaap ter Haar das Schicksal des 13jährigen Beer nach, der durch einen tragischen Verkehrsunfall sein Augenlicht verliert. Erst allmählich wird Beer sich seiner Blindheit bewußt. Die Zeit im Krankenhaus, das zermürbende Bangen der Eltern, das Schwanken zwischen Hoffnung und Verzweiflung hinterläßt gerade wegen der Schlichtheit der Darstellung einen bleibenden Eindruck.

Beers erste Versuche, auf neue Weise selbständig zu werden, mißlingen. Die Eltern setzen alles daran, ihm die Rückkehr in die alte Schule zu ermöglichen. Doch der Direktor hält es für das beste, ihn in eine Blindenschule zu überweisen. Beer belauscht das Gespräch der Eltern über dieses Problem und kann vor Verzweiflung lange nicht einschlafen. Er möchte sterben. Am nächsten Morgen bringt der Briefträger ein Päckchen. Es enthält einen Brief eines Studenten aus dem Saal 3 des Krankenhauses, in dem Beer die erste Zeit nach der Erblindung zubringen mußte. Im Päckchen befindet sich auch noch eine Uhr. Die Mutter liest folgenden Brief vor:

*Lieber Beer,*
*schon dreimal habe ich angefangen, Dir zu schreiben, und jedesmal wurde der Brief so lang, daß die Worte ihre Bedeutung verloren. Deshalb, zum viertenmal jetzt, ganz kurz.*
*Wenn Du diesen Brief bekommst, bin ich nicht mehr. Ich schicke Dir eine alte Uhr, die ich vor ein paar Jahren von meinem Großvater bekommen habe. Sie schlägt zu jeder halben und vollen Stunde, so daß Du immer hören kannst, wie spät es ist.*
*Beer, im Studium habe ich gelernt, daß blinde Menschen manchmal mißtrauisch sind. Das ergibt sich fast von selbst aus der Tatsache, daß sie nicht sehen können. Ich wünsche inständig, daß Du dem Leben immer voller Vertrauen begegnest. Nichts wirkt so erstickend wie Mißtrauen. Behalt das Leben lieb, auch wenn es Dich enttäuscht, und mach was daraus.*"

Beer schämt sich über seine Verbitterung und Auflehnung. Er denkt an einen stillen Nachmittag im Krankenhaus zurück, an dem der Student ihm etwas Ähnliches gesagt hat: „Beer, trotz deiner Blindheit gehörst du noch immer zur bevorrechteten Jugend. Denn die Hälfte deiner Alterskameraden in vielen Teilen der Welt ist schlechter dran als du. Denk ab und zu daran und behalt das Leben trotz allem lieb, auch wenn es manchmal schlechter ausfällt, als man erwartet." (S. 103)

Der Brief des Studenten löst für Beer eine neue Einstellung zu seiner Blindheit aus. Die nächsten Schritte sind sehr mühsam, voller Widerstände und Rückschläge. Aber Beer hat den Mut gewonnen, sein Leben zu bejahen und zu bewältigen.

## „Nimm und lies!"

Die „Confessiones" (Bekenntnisse) des Aurelius Augustinus (354 bis 430), der zu Recht als Kirchenvater des Abendlandes gilt, gehören zu den bedeutendsten Bekenntnisbüchern der Weltliteratur. In Form eines Gebetes schildert Augustinus sein Leben bis zum Zeitpunkt seiner Bekehrung.

Der überaus intelligente junge Mann, von der Mutter christlich erzogen, lehnt jede Bindung an Gott und Menschen ab. Er will das Leben in vollen Zügen genießen, und deshalb bestimmen ihn Abenteuerlust und Daseinsfreude. Ein Mädchen wird seine Geliebte, doch obwohl sie ein Kind von ihm bekommt, heiratet er sie nicht. Die vermeintliche Freiheit und der nach außen gezeigte Frohsinn geben ihm keine Erfüllung. Er begibt sich mehr und mehr auf die Suche nach Wahrheit und dem Leben, in welchem er wirkliches Glück erhofft. Die Bibel lehnt er nach oberflächlichem Studium ab. Auch die Erlösungslehre der Manichäer, der er neun Jahre lang anhängt, kann ihn nicht zufriedenstellen. Er siedelt von Karthago nach Rom über, aber auch hier werden seine Erwartungen nicht erfüllt. Mit 31 Jahren geht er nach Mailand und begegnet dem dortigen Bischof Ambrosius. In ihm findet er einen Gesprächspartner, der ihm die Bibel erschließt. Doch das entscheidende Erlebnis hat er in Anwesenheit seines Freundes Alypius in der Einsamkeit eines Gartens. In seinen „Confessiones" schreibt er:

*„Ein kleiner Garten lag bei unserer Wohnung, den wir das ganze Jahr zur Verfügung hatten; denn unser Hausherr wohnte nicht da. Dorthin trieb mich der Aufruhr in meiner Brust, denn niemand konnte mich da in dem erbitterten Kampf stören, den ich mit mir selbst ausfocht. Aber sinnvoll war's, denn meine Verzweiflung war ein Erwachen zum Leben. Ich wußte nun, wieviel Böses an mir war, aber nicht, wieviel Gutes bald mein eigen sein würde.*

*So ging ich in den Garten, und Alypius folgte mir auf dem Fuß,*

*denn seine Gegenwart konnte mich nicht stören. Ich warf mich –
ich weiß nicht wie – unter einen Feigenbaum zur Erde und ließ
den Tränen freien Lauf. Sie flossen in Strömen aus meinen Augen, und ich sprach: ‚O Herr, wie lange noch? Wie lange noch
willst du mir zürnen? Denke nicht an meine alten Missetaten!‘
Denn ich fühlte, daß sie es waren, die mich festhielten, und
klagte: ‚Wie lange? Wie lange noch …?‘ Ich hörte immer bloß:
‚Morgen, morgen …!‘, Warum nicht jetzt. Warum nicht in dieser
Stunde ein Ende mit meiner Schmach?‘*

*So sprach ich und weinte in bitterster Zerknirschung. Und
siehe, da hörte ich vom Nachbarhaus her im singenden Tonfall
ich weiß nicht, ob eines Knaben oder eines Mädchens Stimme,
die immer wieder sagte: ‚Nimm und lies! Nimm und lies!‘ Ich
dachte angestrengt nach, ob wohl Kinder bei irgendeinem Spiel
so zu singen pflegen, doch konnte ich mich nicht erinnern, je der-
gleichen vernommen zu haben.*

*Ich stand auf und konnte mir's nicht anders erklären, als daß
ich den göttlichen Befehl empfangen habe, die Schrift aufzu-
schlagen und die erste Stelle zu lesen, auf die meine Blicke trä-
fen. So kehrte ich schleunigst dahin zurück, wo Alypius noch saß;
denn dort hatte ich die Briefe des Apostels Paulus liegen gelas-
sen. Ich griff sie, öffnete und las den ersten Abschnitt, der mir in
die Augen fiel: ‚Nicht in Schwelgen und Zechen, nicht in Unzucht
und Schande, nicht in Hader und Neid, sondern ziehet an den
Herrn Jesus Christus ….‘ (Römer 13, 13f.)*

*Ich wollte nicht weiterlesen, brauchte es auch nicht. Denn
kaum hatte ich den Satz beendet, durchströmte mein Herz das
Licht der Gewißheit, und alle Schatten des Zweifels waren verschwunden.*"[25]

Wer wird das spontane Handeln des Augustinus als Rezept
mißverstehen, nun in gleicher Weise mit der Bibel zu verfah-
ren? Wohl aber kann der Aufruf „Nimm und lies!" auch heute
zu hilfreichen Büchern und heilsamen Geschichten führen, die
dazu beitragen wollen, einen neuen Weg einzuschlagen.

---

[25] Übersetzung von Georg Popp: Die Großen des Glaubens, Stuttgart 1985, 39 f.

Zwischen 1890 und 1900 steht ein Schriftsteller aus Sachsen auf dem Höhepunkt seines Erfolges: Karl May alias Old Shatterhand / Kara Ben Nemsi. Aus einem Milieu voller Hunger und Elend, Alkoholismus und Krankheit ist er aufgrund seines genialen Erzähltalents zu einem berühmten Autor aufgestiegen. Vergessen sind vier Jahre der Blindheit kurz nach der Geburt, die entbehrungs- und arbeitsreiche Jugend und schließlich die Zeit von über sieben Jahren hinter Gittern. Später widmet May den Lese-Erlebnissen, die sein Schicksal maßgeblich mitbestimmten, im Rückblick auf die Jugend mehrere Seiten seiner Autobiographie „Mein Leben und Streben" (1910). Diese Eindrücke sind immerhin so beachtenswert, daß sie ihm in den „Lese-Erlebnissen 2"[26] einen Platz zwischen August Bebel und Friedrich Nietzsche eingebracht haben. Karl May, der wie kaum ein anderer die Wirkung von Literatur am eigenen Leib erfahren hat, hat als verhinderter Pädagoge ein ganz anderes Ziel erreicht: der Lehrer seiner Leser zu sein. Seine Bücher sind beliebt und begehrt. Die Leser glauben an die ungewöhnlichen – durch die „Ich"-Form aber doch überzeugenden – „Reiseerlebnisse" mit Winnetou und Hadschi Halef. May schafft sich seine eigene exotische Welt und läßt sich in kriegerischer Ausrüstung nach Wildwest- und Orient-Manier fotografieren. Schein und Sein verwischen sich – Karl May wird Old Shatterhand. Die Jahre der Haft lassen sich nun verschweigen und mit Abenteuern aus fremden Ländern füllen. Den Huldigungen der begeisterten Leserschaft kann May nicht widerstehen. Er gibt sich den Anstrich des in Wirklichkeit Gereisten, bis er schließlich selbst an diese Maske glaubt.

Als anerkannter Schriftsteller begibt er sich nun tatsächlich auf Reisen. Von März 1899 bis Juli 1900 hält er sich im Orient auf. Das große Unternehmen, das er voller Enthusiasmus begann, wird zu einer Schicksalsfahrt. Zum erstenmal wird May mit der realen Welt des Orients konfrontiert, die er in der Phantasie so oft durchstreift hat. Der lange Abenteuer-Traum ist vorbei. Und in der Heimat braut sich ein Unwetter zusam-

---

[26] Hrsg. von Heinrich Pleticha, Frankfurt a. M. 1978.

men, weil seine Straftaten bekannt werden und das wahre Leben des Old Shatterhand ans Tageslicht kommt. Karl May versucht sich zu rechtfertigen, an seiner Lebenslüge festzuhalten. Er steht vor einem neuen Abgrund. Die Verzweiflung der frühen Jahre will wieder Macht über ihn gewinnen. Der beschwerliche Weg zum Ruhm scheint umsonst, alles Mühen vergeblich.

Was nun folgt, ist das Großartige im Leben Mays. Er entschließt sich in dieser Krisensituation, noch einmal von vorn anzufangen. Mitten im Roman „Im Reiche des silbernen Löwen" bricht er die alte Abenteuerhandlung ab und führt sie auf einer anderen geistigen Ebene weiter, die durchaus künstlerischen Ansprüchen genügt. Sein bisheriges Leben gibt May symbolisch aus der Hand: Im Roman schenkt Kara Ben Nemsi seine beiden berühmten Gewehre der uralten, weisen Marah Durimeh, der personifizierten Menschheitsseele. Für den Frieden soll hinfort nur noch mit den Waffen der Liebe gekämpft werden. „Die Erde sehnt sich nach Ruhe, die Menschheit nach Frieden, und die Geschichte will nicht mehr Taten der Gewalt und des Hasses, sondern Taten der Liebe verzeichnen." (Ardistan und Dschinnistan, Band 2, 1909) Mays Buch „Et in terra pax" (1901) ist ein großartiges psychologisches Werk, das dem Frieden und der Versöhnung gewidmet ist. Erst in unserer Zeit gewinnt es die Bedeutung, die ihm zukommt.

Bücher verändern Menschen. Karl May ist ein Beispiel dafür, daß Menschen auch Bücher verändern. Was ihm in seinem Leben nur unvollständig gelang, hinterließ er in seinem Werk, vor allem die Verwirklichung des Friedens. Seine Bücher werden seit Generationen gelesen, weil er typisch Menschliches abbildete und Bleibendes für die Seele schrieb. Für zahllose Leser sind seine Bücher Begleiter durch die verschiedenen Stufen des Lebens geworden. Manche finden das Alterswerk zu schwierig und nicht spannend genug. Aber gerade die späten Bücher dokumentieren die Wandlung Mays und seinen neuen Weg als Schriftsteller. Sie sind Merkmale eines Menschen, der nicht aufgab.

## Neue Beziehung zu Mäusen

Dieses Kapitel begann mit Mäusen, er soll mit Mäusen enden. In seinem Buch „Die gerettete Zunge. Geschichte einer Jugend" (München 1977) hat Elias Canetti ein Kapitel mit der Überschrift „Die Mäuse-Kur" versehen. Er berichtet von der Mäusephobie seiner Mutter. Sie konnte in keinem Zimmer Ruhe finden, wenn der Verdacht bestand, eine Maus könne sich dort blicken lassen. Die komischen Szenen bei panischer Angst nach dem Gewahrwerden einer Maus konnten nicht darüber hinwegtäuschen, wie sehr die Frau unter diesen Tieren litt. Canetti schämt sich, je älter, desto mehr, über das kopflose Verhalten seiner Mutter und beschließt, sie bei einem ihrer Besuche mit einer erfundenen Geschichte von der Mäuseangst zu kurieren. Er erzählt:

„Als früher Anhänger des Odysseus mochte ich wohl komplett erfundene Geschichten, in denen man zu jemandem anderen wurde und sich verbarg, nicht aber kurzbeinige Lügen, die keine dichtende Aktivität erforderten. So packte ich einmal, sie war eben angekommen, die Sache nach der Art des Odysseus an und sagte kurzentschlossen, ich hätte etwas Wunderbares erlebt und müsse ihr davon berichten: in meinem kleinen Dachzimmer oben hätte eine Versammlung von Mäusen stattgefunden. Im Scheine des Vollmondes hätten sie sich eingefunden, viele, sicher ein Dutzend, und da hätten sie sich nun im Kreis bewegt und getanzt. Von meinem Bett aus hätte ich sie beobachten können, jede Einzelheit war zu sehen, es war so hell, es sei wirklich ein Tanz gewesen, kreisförmig, immer in einer Richtung, nicht so rasch, wie sie sich sonst bewegten, eher ein Schleifen als ein Schlüpfen, und eine Mäusemutter sei dabeigewesen, die ihr Junges im Maul hielt und mittanzte. Es sei nicht zu sagen, wie zierlich dieses Kleine, das ihr halb im Maul steckte, ausgesehen habe, aber ich hätte den Eindruck gehabt, daß die kreisende Bewegung der Mutter mit den anderen ihm nicht angenehm gewesen sei, es habe kläglich zu piepsen begonnen, und da die Mutter durch den Tanz gefesselt war und ihn nicht unterbrechen mochte, habe es immer lauter gepiepst, bis die Mutter zögernd, vielleicht sogar etwas unwillig aus der Reihe trat und ein wenig abseits vom Kreise, aber noch im Mondlicht, dem Kleinen zu trinken gab. Ein Jammer, daß sie das nicht selber gesehen habe, er sei wie bei Menschen gewesen, die Mutter biete dem Säugling die Brust, ich hätte vergessen, daß es Mäuse seien, so menschenähnlich sei es gewesen, und erst als mein Blick wieder auf die Tanzenden fiel, sei es mir zu Bewußtsein gekommen, aber auch das Tanzen habe nichts Mäuse-Ähnliches an sich gehabt, es sei zu regelmäßig, zu beherrscht dazu gewesen." (S. 261)

Bis ins kleinste will die Mutter alles wissen und lauscht aufgeregt jedem neuen Detail. Auch ist es ihr darum zu tun, daß kein anderer von dem seltsamen Geschehen erfahre. Sie weiß nicht recht, ob sie ihrem Sohn glauben soll, aber im Grunde wünscht sie sich, es habe alles so stattgefunden. Je mehr Canetti ihr Rede und Antwort steht, desto mehr hat er das Gefühl, „daß die Sache eigentlich wahr sei". Lange noch habe sich die Mäusemutter um ihr Kleines gekümmert, es zuletzt liebevoll gesäubert.

Im weiteren Verlauf des Gespräches ergreift die Frau sogar noch Partei für die Mäusemutter, als es um Mäusedreck während des Tanzes geht: „Ich bin sicher, daß es nicht die säugende Mutter war, die sich gehenließ." Jedenfalls ist die Mäuse-Angst der Mutter vorbei. Hier hatte die Geschichte von der säugenden Mäusemutter und dem hilflosen Kleinen die verängstigte Frau tief getroffen und eine ganz neue emotionale Beziehung zu den grauen Tierchen gestiftet. Und Elias Canetti war es gelungen, nicht nur seine Mutter zu kurieren, sondern einmal mehr zu beweisen, welche Wirkung Geschichten haben können, seien Sie nun tatsächlich geschehen oder erfunden.

# KAPITEL 10

# Den nächsten Schritt wagen

## Herzschrittmacher für Ulrike

In einem Krankenhaus ereignete sich eines Tages folgendes: Die Langzeitpatienten in der Herzchirurgie bekamen Besuch von einer Ordensfrau. Bei einem solchen Besuch rechnet man gewiß mit einem seelsorgerlichen Gespräch, vielleicht auch mit einem Gebet. Diesmal jedoch war es anders. Schwester Maria M. wußte sehr genau, daß sie nur von Gott reden sollte, wenn sie danach gefragt wurde. Das Gespräch mit der Patientin Ulrike begann aber ganz anders, weil Schwester Maria ihr ein kleines Büchlein gab.

Der skeptische Blick von Ulrike sagte ihr, daß sie vielleicht nicht den richtigen Titel gewählt hatte.

„Ich weiß ja, daß ich mein jetziges und zukünftiges Leben entscheidend verändern muß. Seien Sie mir nicht böse, Schwester Maria, aber ich hätte mich mehr über ein Buch von Snoopy gefreut."

Offen und ehrlich kam es über Ulrikes Lippen. Schwester Maria hatte selbstverständlicherweise Kenntnisse in der Nutzanwendung von Literatur zur seelsorgerlichen Beratung. Sie hatte in ihrem Studium auch einiges über die „Regressionsfunktion" erfahren. Nun aber überraschte sie die erwachsene Patientin mit eben diesem, fast kindlich naiven Wunsch: Ein Bilderbuch für eine erwachsene Frau?

„Ich werde Ihnen ein solches Buch besorgen", versprach sie. „Aber Sie müssen mir noch sagen, warum Sie solch ein Buch lieber lesen!"

Ulrike hatte sich schon gut erholt, und es fiel ihr nicht mehr schwer, über ihr Schicksal zu sprechen. In ihrer Krankengeschichte, aber auch für den Weg ihrer Rekonvaleszenz, spielte ein Snoopy-Buch eine große Rolle...

Ulrike freute sich schon als kleines Kind, erwachsen zu werden. Sie spürte, daß dies ein großes Geheimnis war, das sie für sich gewinnen wollte. Ihre Erziehung trug früh dazu bei, daß Menschen selbst dafür sorgen müssen, daß andere Menschen durch sie kein Leid erfahren. Danach hieß das: kein Kind muß unverstanden leben. Als ältere Schwester in der Kinderreihe der Familie machte sie mit dieser hohen Anforderung ihre ersten Erfahrungen. Heute jedoch weiß sie, daß sie damals überfordert wurde und sich selbst auch überforderte. Als sie vierzehn Jahre alt war, wurde sie schwer herzkrank. Dennoch machte sie große Pläne. Kindergärtnerin – das war ihr sehnlichster Berufswunsch. „Natürlich kannst Du einmal studieren", sagte der Arzt, „aber Du mußt aufpassen, darfst Dich nicht ständig überfordern, denn Dein Herz …"

Ja, ja, mein Herz, dachte sie, wie soll ich je im Leben etwas finden, wenn mein Herz schon angeknackst ist! Wie soll ich jemals einen Menschen lieben, eine Sache in mein Herz schließen, wenn es nicht richtig funktioniert?

Bald verbietet der Arzt ihr, körperliche Anstrengungen auf sich zu nehmen, und das hieß: Anders als andere Mädchen zu leben. Tanzen, Schwimmen, Laufen – all das durfte sie nicht. Schließlich verbot ihr der Arzt, das Studium aufzunehmen. „All das war für mich sehr schlimm. Da kam etwas Hartes auf mich zu. Ich verordnete mir selbst für ein Jahr vollständige Ruhe. Ich ging förmlich in die Wüste. Allmählich war ich bereit, nach vielen Wenn und Aber, nach vielen ,Warum' das Unbegreifliche anzunehmen."

Schwester Maria hörte aufmerksam zu. Fast schien ihr, als hätte Ulrike die Rollen getauscht. Sie war es jetzt, die erzählte. Und das war so ganz anders als sonst. Die Patienten wollten doch immer etwas erzählt bekommen! Nun war sie es, die zuhörte. Und sie hörte eine Lebensgeschichte, die ihre Wirkung hatte.

„Als ich 29 Jahre alt war", erzählte Ulrike weiter, „mußte ich wieder zum Arzt. Die Medikamente halfen nicht. Ich fühlte mich elend, und das Langzeit-EKG, das mir der Arzt verordnete, zeigte dann auch die Probleme: ohne Herzschrittmacher würde ich nicht mehr lange leben können."

Da war die unumstößliche Wahrheit! In dem Krankenzimmer wurde es still. Der Nachmittag ging in den Abend über, aber die dunklen, mit Schnee behangenen Novemberwolken verbargen das Licht der Sonne.

„Sie müssen das Risiko auf sich nehmen, wenn Sie noch einigermaßen leben wollen!" Unerbittlich pochte der Arzt auf die Errungenschaften der modernen Medizin. In mir aber wurden all die Stimmen laut, die dagegen waren. Weißt du, wie das ist, mit einer Maschine im Körper? schoß es mir durch den Sinn. Was wird sein, wenn ich an anderen körperlichen Leiden zugrundegehe, die Maschine aber das kranke Herz immer wieder neu antreibt? Wenn der Schrittmacher immer wieder neues Blut in den Kreislauf pumpt?"

Schwester Maria wurde an eine entfernte Verwandte erinnert: Sie war an Krebs erkrankt, und das Leiden zerfraß den Körper, ließ ihn von Tag zu Tag mehr verfallen, aber das Herz schlug immer noch, denn da war ein unerbittlicher Mechanismus, der Herzschrittmacher, der pochte und tuckerte, zweimal in der Minute, und so lange konnte Tante Ida nicht sterben!

„Ich schaffte es, alle Bedenken beiseite zu schieben, denn ich wollte leben!" Ulrike hatte wieder eine Pause gemacht, denn Erinnerungen schmerzen, auch wenn man sie längst überwunden zu haben glaubt.

„Es fiel mir etwas leichter, als ich von einer guten Bekannten erfuhr, daß sie kurz vor meiner Operation erfolgreich operiert worden war. Dann aber, drei Tage vor meinem Termin, starb sie plötzlich. Das war niederschmetternd. Ich blieb aber bei meinem Ja zu der Operation."

Einige Zeit fragte sich dann Ulrike, ob sie, da sie gläubige Katholikin ist, die Krankensalbung empfangen sollte. Sie wußte aber auch, daß Gottes Hand über ihr war, und sie wußte auch, daß ihre Freunde für sie beteten.

Dann erfuhr Ulrike mit aller Macht das strukturelle Leiden, das Ausgeliefertsein an den Mechanismus „Krankenhaus", die Ohnmacht gegenüber dem technischen Apparat. Hilflosigkeit breitete sich in ihrem Innersten aus. Obwohl sie sich inzwischen sehr gut an die Situation im Krankenhaus gewöhnt hatte, spürte sie wieder den damaligen Zustand des Zerrissenseins, der Ohnmacht und der Entfremdung: Entblößtsein auf dem Operationstisch, weggerissen aus vertrauter Umgebung, keine liebende Hand, die einen hält!

In den letzten, quälenden Minuten vor dem Übergang in die Narkose erinnert Ulrike ein Bild:

Der Christus schleppt sein Kreuz in Richtung des Golgatha-hügels und fällt. Die Last des Holzes drückt ihn nieder. Um ihn herum gaffende Menschen, die den ansteigenden, steini-gen Weg säumen. Dort, wo das Kreuz am schwersten ist, sitzt ein Pfarrer darauf und liest Zeitung. Sein Gesicht ist sorgen-frei. Gedankenlos hängen die Füße herab und finden erst auf den Schultern des Leidenden Halt. Ein Liebespaar ist völlig unbekümmert, andere Menschen tauschen Geld. Doch der Christus erhebt sich, trägt sein Kreuz weiter den Berg hinauf, und er schaut auf die dunkle Stadt hinab, in der einige Lichter leuchten. Die Menschen schlafen und wissen kaum, was dort geschieht. Jesus geht seinen Weg einsam zu Ende, und einige Gesichter verändern sich, nehmen Anteil, leiden mit.

Dieses Bild vor Augen, muß Ulrike nun an die Kinder den-ken, die sie im Religionsunterricht hatte. Sie muß auch an die gläubigen Menschen denken, die ihr begegneten, und der letzte Augenblick des schwindenden Bewußtseins gilt dem Ge-bet: „Wenn Du mich diesen Weg führen willst, dann will ich mit Dir gehen, Vater!"

### „Warum bin ich nicht gestorben?"

Die Operation verläuft zunächst augenscheinlich gut. Der Schock nach dem Aufwachen aus der Narkose jedoch ist schrecklich: Wieder sind es die Apparate, die den Menschen beherrschen. Fremde Leute stehen um sie her. Einer macht ir-gendeinen Witz, kaum einer kann richtig lachen. Ulrike ahnt, daß da etwas nicht in Ordnung war. Es fehlt das übliche, er-leichterte „Na prima, das sieht ja gut aus!" des Chefarztes. Und doch warten alle auf dieses oberflächliche und erlösende Wort!

„Wie gut, daß es an meinem Bett nicht gesagt wurde. Aber das begriff ich erst viel später!" setzte Ulrike ihre Lebensge-schichte fort. „Dann kam es heraus: Sie werden noch einmal operiert, heute nacht noch! O Gott, noch einmal? Wie wird das Ende sein? Als ich später auf der Intensivstation aufwachte, wußte ich gar nichts mehr. Später fiel ich in ein Koma, und ich erlebte den Zustand totalen Friedens. Geborgenheit war da, Ruhe, keine Erklärungen, nur fühlen, keine schmerzenden Gedanken, statt dessen wohltuendes, warmes Licht.

Als man mir danach erklären wollte, was alles passiert war, wurde ich unwillig. Ich konnte niemanden mehr ertragen, und es fiel mir schwer, mich auf Besuch einzustellen. Und dennoch war es mir gleich, daß mich ein Freund besuchte. Alle gutgemeinten Ratschläge halfen mir nicht. Stattdessen dachte ich unentwegt: Warum bin ich nicht gestorben? Das war doch nicht schlimm, dieses Gefühl da im Koma! Wo ist derjenige, der meine Not wirklich verstehen kann und der an meinem Bett schweigt?"

Ein Lächeln ging über Schwester Marias Gesicht: Sie tat jetzt nichts anderes als schweigen und zuhören. Denn das, was Ulrike ihr da erzählte, war auch ein Teil ihrer Geschichte: Die Zweifel waren da in ihrem Leben, wenn sie einem Sterbenden kaum etwas sagen konnte. Wenn angesichts des unsäglichen individuellen Leidens jedes Wort verstummen mußte. Und hier war ein Mensch, der darum bat, schweigend an seinem Bett zu sitzen. Schwester Maria verzichtete gern auf die nächsten Termine, die der Abend noch vorgesehen hatte, denn sie spürte die Kraft der Erzählung, die Hoffnung und die Zuversicht, die aus der klaren Sicht der Dinge der Erzählerin sprach.

„Ist es so gesehen eine Sünde", erzählte die Patientin weiter, „wenn man dann mit Gott hadert und ihm Vorwürfe macht? O ja, diese Frage hatte Schwester Maria erwartet. Sie kam insgeheim bei allen zur Sprache, die am Anfang eines Leidensweges standen. Und wie sie allen, die die Frage „Warum gerade ich?" stellten, antwortete sie auch diesmal, aber die Antwort total umstellend:

„Warum sollten gerade Sie nicht all das an den Himmel werfen, was Sie bedrückt, was Sie besorgt, was Sie verzweifeln läßt! Ich glaube nicht, daß Gott so klein ist, um dafür keine Ohren zu haben."

Sie spürte die Erleichterung, die Ulrike überkam. Sie hatte noch einmal ihre geheimste Angst offenbart, das, was sie wohl am tiefsten in ihrem kranken Herzen vergraben hatte: Mit Gott zu rechten wäre Sünde! Und noch einmal durchzuckten Erinnerungsblitze ihr Gehirn. Der schimpfende Vater tauchte auf, die Religionslehrerin mit dem erhobenen Zeigefinger. Aber ihre strengen Blicke wandelten sich in Güte.

„Eines Tages fand ich auf meinem Nachttischchen ein Buch von Viktor Frankl: ‚Trotzdem Ja zum Leben sagen!‘ Irgendeiner hatte es wohl liegenlassen, oder es mir auch bewußt mitgebracht. Ich weiß es nicht mehr so genau. Jedenfalls konnte ich damals noch nicht viel damit anfangen. Natürlich verstand ich, was der Autor sagen wollte: ‚Die geistige Freiheit des Menschen läßt ihn auch noch bis zum letzten Atemzug Gelegenheit finden, sein Leben sinnvoll zu gestalten.‘ Das aber waren für mich viel zu große Gedanken, die ich noch nicht wieder nachvollziehen konnte. Aus Frankls Leben wußte ich, daß er sich selbst überwunden und den Haß gegen die nationalsozialistischen Verbrecher an ihm und seinen jüdischen Mitmenschen besiegt hatte. Aber das Vorbild Frankls vermochte noch nicht, mich aus meiner Depression zu befreien.

### Snoopy baut ein neues Haus

Daß ich die Realität, meine eigene Realität, wieder ernst, das heißt annehmen konnte, dafür sorgte einer meiner Freunde. Der kam eines Tages an mein Krankenbett, nahm mich in den Arm – und legte mir ein Büchlein auf den Tisch: ‚Snoopy‘. Als er gegangen war, las ich in dem Buch. Eine Geschichte traf, nein *betraf* mich besonders: ‚Snoopys Haus ist abgebrannt‘. Kennen Sie die?“

„Nein, leider nicht“, sagte die Schwester, die nun Ulrikes Antwort auf ihre Frage erwartete.

„Snoopy liegt vor seinem Haus, das abgebrannt ist, seine Dackelohren hängen bis auf die Erde herab. Und daneben stand der Satz: ‚Ja, alter Kollege, du kannst auf den Trümmern liegen bleiben, wenn es dir gefällt. Du kannst aber auch vielleicht ein neues Haus bauen. Klick!‘ “

Danach trat Stille im Zimmer ein. In die Stille hinein sagte Ulrike dann plötzlich: „Verstehen Sie nun, warum ich vorhin so unhöflich zu Ihnen war, Schwester? Jetzt erst begriff ich, daß nicht nur ein schöpferisches und genießerisches Leben seinen Sinn hat, sondern daß auch Leiden einen Sinn hat. Sicherlich sage ich Ihnen, Schwester, damit nichts Neues –"

„O doch", entgegnete Schwester Maria, „doch, doch. Sie glauben selbst nicht, wie sehr Sie mir geholfen haben! Ich gehe nun ein wenig beschämt nach Hause, denn ich wollte Ihnen helfen und war doch nicht mit dem Herzen dabei. Sie haben mir geholfen, weil Sie alles mit dem Herzen sehen. Ich danke Ihnen!"

„Danken Sie Gott, Schwester, daß ich Ihnen meine Geschichte erzählen konnte, denn ich danke Ihnen dafür, daß Sie zuhören konnten. All das kann ich nicht besser beschreiben, als daß ich diese Kraft Gottes gespürt habe. Und ich weiß nun, daß die Gnade nicht darin besteht, absolut gesund zu werden, sondern darin, Gott überhaupt zu erfahren."

Schwester Maria ging, erfüllt von diesem Erlebnis und eigentümlicherweise selbst gestärkt. Wie recht doch Frankl hatte, als er schrieb: Wie oft sind es erst die Ruinen, die den Blick freigeben auf den Himmel! dachte sie. Sie war überzeugt, daß Ulrike bald Frankl würde lesen und verstehen können. Zu Hause schrieb sie ihr noch einen Brief, der aus einem Gedicht („Zuspruch") bestand, dessen Autor ihr unbekannt war, aber sie schrieb es aus der Erinnerung nieder:

*Fürchte dich nicht: noch immer*
*wohnt hinterm Walde der Mond,*
*scheint bei Nacht in dein Zimmer,*
*wie du als Kind es gewohnt.*
*Fürchte dich nicht: noch immer*
*duftet im Park der Jasmin,*
*leuchtet mit schneeigem Schimmer*
*übers Gemäuer dir hin.*
*Sank eine Welt dir in Trümmer,*
*fiel ein Jahrhundert in Staub?*
*Fürchte dich nicht: noch immer*
*zwitschern die Vögel im Laub.*
*Hinter dem Fenster dort drüben*
*wacht eine Mutter noch spät –*

*Schlafe! Auch dir ist geblieben*
*Mondlicht und Kindergebet.*

Schwester Maria schaute zum Fenster hinaus in die erleuchtete Nacht. Schneeflocken trieben in die schmale Gasse und begannen ihr Wunderwerk der Weltverwandlung. Und morgen war ein neuer Tag, mit neuen Aufgaben, mit neuem Atem und neuen, noch unbekannten Gefahren. Aber das machte ihr nun nichts mehr aus.

Ulrike war mobilisiert worden – von einer Geschichte, die so unscheinbar schien, daß der Freund es nicht wagte, ihr das Büchlein offen zu schenken. Und doch war es wie ein Atemzug, der dem klinisch bereits Toten das Leben wiederbringt. Ulrike hatte durch Snoopys Geschichte die unschätzbare Perle wiedergefunden, die jeder Mensch zum Leben braucht: Mut, Lebenswille. Das befähigte sie, trotzdem ja zum Leben, auch unter ganz anderen Bedingungen, zu sagen. Daß Ulrike damit die Kette der *Fremdhilfe* begonnen hatte, ohne es zu wissen, das konnte sie erst später von Schwester Maria erfahren, die durch diese Begegnung ermutigt wurde in ihrem Dienst an kranken Menschen.

## Die Kraft der Poesie

Hierin liegt ein Geheimnis der Literatur, des Erzählens, der Poesie des Lebens schlechthin: Dort, wo eigentlich kein Wort mehr gesprochen werden könnte angesichts des Leidens, tritt die Poesie in Form des geschriebenen Wortes in die Mitte zwischen Leidendem und Besucher, und ihre geheimnisvolle Kraft bricht das Schweigen beider und bündelt in der Seele des Leidenden die Kräfte, die seine Seele sich aufschwingen läßt, den Rand der Wüste oder die rettende Oase erreichen zu *wollen*. Ein schönes Beispiel der Mobilisierungsfunktion von Literatur finden wir auch bei Werner Bergengruen in „Figur und Schatten"[27]

---

[27] Aus: Werner Bergengruen „Figur und Schatten", Gesammelte Gedichte I, © 1958 by Verlags AG Die Arche, Zürich.

WANDLUNG

*Löse dich von Haus und Haft,*
*Eh der Herd verglimmt.*
*Denn zu Gottes Wanderschaft*
*Bist du vorbestimmt.*

*Raste stumm am falben Rain.*
*Laub ist braun gehäuft,*
*Da der graue Bitterwein*
*Aus der Wolke träuft.*

*Hufschlag hart am Straßenbord,*
*Wagenspur und Tritt*
*Löscht der blasse Regen fort*
*Und dich selber mit.*

*Namenloses Zeitenkind,*
*Baum im Wanderschuh!*
*Was am Prellstein hockt und sinnt,*
*Das bist nicht mehr du.*

*Gib dich der verborgnen Hund,*
*Die dich angerührt.*
*Hebe dich vom Grabenrand!*
*Geh! Du bist geführt.*

Wir haben gesehen, bei Ulrike hatte nicht die *Einsicht* in das Unabänderliche am Anfang ihres neuen Lebens gestanden, sondern das *Fühlen:* Snoopy bin ich! Und die schlichte Ausdruckskraft des Bildes, verbunden mit einem Satz, der seinen Sinn allein in sich trägt, gleichsam gegen alle Vernunft (kontrainjektorisch). Der Rückgriff auf eine kindlich-naive Erfahrungsebene erwies sich als Regressionshilfe für den Erwachsenen, für den sich daraufhin eine neue Quelle der Willenskraft aufschließt. Erst später stellt sich die Einsicht dar, die zur Verhaltensänderung führt. Zuvor aber mußte der Schritt in die Gefühlswelt gewagt werden und erwies sich als erster, kleiner, und doch so wichtiger Schritt in die richtige Richtung.

### Die Traurigkeit nicht siegen lassen

Genauso erging es auch einem jungen Studenten, der mit den Umständen seines Lebens nicht mehr fertig wurde. Er drohte förmlich im „Schlamm" zu versinken. Er kam mit den Frauen nicht zurecht, fühlte sich dadurch minderwertig, die narzißtischen Strebungen in ihm wurden stärker, und er schlitterte mehr und mehr in den Strudel kindlich-naiver Egozentrik. Er war uns im Seminar als interessierter, stiller „Typ" aufgefallen. Bekanntermaßen haben gerade solche jungen Männer große Probleme mit ihrer eigenen Sexualität. In Ermangelung eines reifen Geschlechtspartners und in Ermangelung eigener gereifter Sexualität greifen sie oft zu Scheinlösungen, die sie nur kurzzeitig befriedigen, Glück und Erfüllung auf lange Sicht ihnen aber versagen. Er wandte sich mit seinem Problem an uns, und in der praktischen Seelsorge empfahlen wir ihm, das Buch „Die unendliche Geschichte" von Michael Ende zu lesen. Verblüfft und eigentlich zufrieden ging er heim. Nach einigen Wochen schrieb er uns einen Brief, der *uns* nun wieder überraschte:

*„Die ‚unendliche Geschichte‘ ist vielleicht das wichtigste Buch, das ich je gelesen habe. Beeindruckend finde ich, wie die Hauptperson des Buches, Bastian, in die Geschichte integriert wird. Auf diese Weise findet man als Leser auch unmittelbaren Kontakt zu der Geschichte; es ist keine störende Distanz vorhanden.*

*Am besten hat mir die Stelle gefallen, wo von den ‚Sümpfen der Traurigkeit‘ die Rede ist. Atréju durchquert mit seinem Pferd Artax diese Sümpfe, doch nur Atréju kommt hindurch. Artax läßt sich von der Traurigkeit anstecken und versinkt. Dazu zitiere ich von Seite 56:*

*‚Laß mich, Herr!‘ antwortete das Pferdchen, ‚ich schaffe es nicht. Geh allein weiter! Kümmere dich nicht um mich! Ich kann diese Traurigkeit nicht mehr aushalten. Ich will sterben.‘*

*In einem Sumpf von Traurigkeit zu versinken, ist ein, so finde ich, sehr anschauliches Bild. Die Traurigkeit kann über jemanden Gewalt gewinnen, das zeigt sich am Beispiel des Pferdes. Ich fühlte mich an dieser Stelle des Buches sehr gut verstanden und irgendwie ermutigt, die Traurigkeit nicht siegen zu lassen."*

Wie unterschiedlich, ja diametral entgegengesetzt Literatur wirken kann, bezeugt uns ein anderes Beispiel, das seinen Anfang bei Helmut Thielicke nahm:

Der bekannte Theologe und Publizist Thielicke beschreibt in seinem Aufsatz „Lesen in Grenzsituationen", wie er als schwerkranker Mann Trost und Hoffnung schöpfte aus teils sogar inhaltsschweren Büchern:

„Da ich dazu verurteilt war, viele Monate meines Lebens als Schwerkranker und in manchmal hoffnungslosem Zustand Krankenzimmer zu bewohnen, habe ich eine merkwürdige Erfahrung gemacht. Manche wohlmeinende Freunde brachten mir allerhand Schmunzelbücher in der rührenden Annahme, sie würden damit den Depressionen entgegenwirken und mich auf andere Gedanken bringen. Ich mochte das aber gar nicht, obwohl mir sonst der Sinn für Humor keineswegs abgeht. Ich griff lieber zu Büchern, die vom Leiden anderer Menschen und von der Art sprachen, wie sie damit fertig wurden: Außer dem Psalter und dem Hiobbuch konnten dazu etwa Dostojewskis „Brüder Karamasow" oder Graf Lehndorffs „Ostpreußisches Tagebuch" gehören. Auch Biographien halfen mir und immer wieder durch die Jahre hin, vor allem das geistlich so tiefsinnige, alle Regenbogenfarben des Menschlichen enthüllende „Tagebuch eines Landpfarrers" von Bernanos. Ertappte mich ein Besucher bei dieser Lektüre, konnte er manchmal entsetzt sein, daß ich in meinem desolaten Zustand noch etwas so Schwermütiges läse. Aber es half mir und gewährte Trost. Ich brauchte sozusagen eine „homöopathische" Therapie, die im Sinne von similia – similibus das eigene Leiden durch den Anblick fremden, aber ähnlichen Leides milderte und das Wort des Passionsliedes bestätigte: „Wunden müssen Wunden heilen." [28]

---

[28] H. Thielicke: Lesen in Grenzsituationen, in: Lesen in der Lebenskrise. Erfahrungen mit der Bibliotherapie, Freiburg (Herder) 1977, 28 f.

# Lektüre gegen Alkohol

„Und auch der Theologe Helmut Thielicke spricht mir aus dem Herzen", schreibt der anonyme Alkoholiker Andreas in seinem Erfahrungsbericht über das Lesen in der Lebenskrise. Andreas leitete vor einiger Zeit eine Arbeitsgruppe, die sich mit dem Dreiklang „Lesen – Lernen – Leben"[29] beschäftigte – ein Erfahrungsbericht, in dem er kein Blatt vor den Mund nimmt: „Ich spreche als Betroffener, als Alkoholiker, der das Glück hatte, seine Krankheit hinter sich lassen zu können."

Andreas erinnert sich an zwei Bücher, die er in seiner „bösesten und schmerzvollsten – aber dennoch auch (...) lehrreichsten und fruchtbarsten Periode" seines Lebens gelesen hatte: Jack Londons „König Alkohol" und – einen Monat später – Hans Fricks „Tagebuch einer Entziehung". Dann berichtet er über seine Leseerfahrungen in der Entziehungskur:

„Im Sommer 1979 saß ich nach einem totalen Zusammenbruch vier Monate lang als Patient in einem Psychiatrischen Landeskrankenhaus.

Ich war dort nicht freiwillig hingegangen. Ich war mit allen Anzeichen eines nahenden Deliriums mit Krankenwagen und Bahre hineintransportiert worden ... Zunächst also waren Entzug und Entgiftung fällig. Das geschah auf der Aufnahme- und Wachstation, wo zunächst alle neu ‚Eingelieferten' landeten, ganz gleich, mit welchen Etikettierungen sie versehen waren: Psychotiker, Schizophrene, Paranoide, depressive Suizidgefährdete ... und eben Alkoholiker. Acht Tage hatte ich dort zu bleiben, dann wurde ich auf die ruhigere Alkoholiker-Station verlegt. Schon auf dieser Aufnahmestation hat mir ein Buch geholfen. Es war das erste und einzige, das ich dort lesen konnte, denn erst nach einigen schlimmen Tagen und Nächten war ich halbwegs wieder bei mir. Dieses Buch habe ich nicht vergessen. Nicht etwa, weil es ein besonders wertvolles, anspruchsvolles Buch von hohem literarischen Niveau war. Im Gegenteil! Es hieß ‚Der Engel, der zur Hölle fuhr' und war ohne Zweifel eine ziemlich üble ‚Trivial-Schwarte' und voll von Klischees. Aber: Es hatte eine rasante Handlung mit rasch

---

[29] Mitgeteilt von Otto K.-H. Aurin, Waltrop.

wechselnden Schauplätzen in verschiedenen Ländern – und es war *spannend!* Dieses Buch trug immerhin dazu bei, mich über einige der schlimmsten Tage meines Lebens hinwegzubringen, die ansonsten angefüllt waren mit Grübeln, mit Verzweiflung – und mit Selbstmordgedanken. Ich bin noch heute dankbar dafür, daß mir dieses Buch, dieser ,Thriller', in die Hände fiel. Etwas anderes hätte ich in meiner damaligen Verfassung ohnehin kaum lesen können. Und deshalb denke ich seither ein bißchen anders über die sogenannten ,Trivial-Schriftsteller'. Jeder intellektuelle Hochmut ist mir abhanden gekommen.

Ich habe in dem Landeskrankenhaus später noch sehr viel gelesen und auch damit begonnen, ein Tagebuch zu führen. Natürlich war ich jetzt – nach sechs Jahren – sehr neugierig darauf, in diesen alten Tagebüchern nachzulesen, was ich denn damals zum Beispiel zu *Jack London* oder zu *Hans Frick* anzumerken hatte. Ich stellte fest, daß ich mir zahlreiche Textstellen herausgeschrieben hatte. Zum Beispiel diese aus ,König Alkohol':

,Auf einmal wußte ich aus der Tiefe meines überanstrengten Hirns, was ich wollte. Ich wollte trinken. Ich wollte mich berauschen. Der Drang war unwiderstehlich. Es gab kein Zaudern. Gebieterisch forderte mein zerrütteter, mißhandelter Kopf Entspannung, und ich kannte nur *eine* Art, diese Entspannung zu erreichen ... Das war eine völlig neue Offenbarung der Macht König Alkohols. Nicht mein Körper brauchte seinen Zauber, sondern mein Geist. Mein überarbeiteter Kopf suchte Vergessen.'

Oder diese:

,... Selbstmord, schneller oder langsamer, ein plötzlicher Sturz oder ein jahrelanges allmähliches Zerrinnen – das ist der Preis, den König Alkohol fordert. Keiner seiner Freunde entrinnt je der Bezahlung seiner Schuld.'

Warum hielt ich gerade diese Sätze in meinem Tagebuch fest? Vor allem, *weil ich mich selbst darin wiederfand!* Weil sie dazu beitrugen, mir Klarheit zu verschaffen über meine eigene Situation ... Das war zunächst das Wichtigste. Die ersten Schritte!"

Der Betroffene kommt sodann zu folgender Erkenntnis:

„Meine Erfahrung ist, daß die ‚Heilkraft des Lesens‘ gar nicht hoch genug eingeschätzt werden kann. Lesen, das ist ‚Hilfe zur Selbsthilfe‘ im besten Sinne des Wortes. Ich wäre meiner Einschätzung indessen nicht so sicher, wenn ich nicht von vielen, vielen anderen Alkoholikern – auch ganz einfachen Menschen – immer wieder die Bestätigung dafür bekommen hätte, daß sie ohne das eine oder andere Buch bestimmte für sie wichtige Einsichten nicht gewonnen hätten. Es lohnt sich also, sich für das Buch zu engagieren – gerade im Zeitalter des Fernsehens und der anderen Konsum-Medien.“

Der Suchtkranke erlebt vor allem in der Entgiftungsphase das Gefühl des Verlorenseins, der Einsamkeit und der totalen Verlassenheit. Hier kann man ihm lesetherapeutisch auch mit J. Londons „König Alkohol“ oder Falladas „Der Trinker“ erreichen, weil beide Bücher den Suchtkranken noch dort antreffen, wo sie gerade stehen: In der als „unfreiwillig“ erfahrenen Behandlung können gerade die genannten Bücher Gruppengespräche initiieren. Für das hieraus erwachsende und für den Therapieprozeß unabdingbar notwendige Solidaritätsgefühl sind dann, so belegt Andreas eindrucksvoll, Leseerfahrungen, wie sie Thielicke beschreibt, ganz wichtig.

Aus den hier geschilderten Erfahrungen kann man zusammenfassend folgendes festhalten: Der herzkranken jungen Frau konnte ein Bilderbuch, über das andere schmunzeln, helfen, neue Schritte zu wagen. Durch ihre freimütige Erzählung half sie einer „Helferin“ zu neuer Motivation in ihrem Tun. Der Theologe Thielicke brauchte die „Solidarität der Leidenden“, um über schwerste Stunden hinwegzukommen. Durch seine schriftliche Darstellung verhalf er dem suchtkranken Andreas, das Solidaritätsgefühl wiederzufinden, wozu er sich auf den Weg gemacht hatte, es zu suchen – und dazu hatte wiederum ein „triviales Werk“ verholfen. Insofern ist es gar nicht mehr verwunderlich, daß der depressive Student durch „Die unendliche Geschichte“ mobilisiert wurde, einen ersten Schritt zu tun.

# KAPITEL 11

# Gedrucktes Lebenselixier

## Verborgene Wirkungskraft

Vielen Menschen ist nicht bewußt, warum sie ein bestimmtes Buch immer wieder lesen. In einem Seminar „Bücher als Freunde" wurde diese Frage von den Teilnehmern erörtert. Fazit: Bücher erinnern an schöne (Kindheits-)Erlebnisse, Bücher gehören zu meiner Identität. So mancher fand durch ein Buch Zugang zu seinem Beruf, zu einem Hobby, zu den Mitmenschen, ja zu Gott. Einige Bücher erscheinen wie ein Komet, faszinieren für eine Weile und sinken dann wieder ins Vergessen zurück. So ist es Büchern ergangen, die mit Hilfe groß angelegter Werbung zu Bestsellern gemacht wurden und lediglich dem Zeitgeist entsprachen. Andere wiederum sind relativ unabhängig von Zeitströmungen; sie verfügen über Elemente, die konstanten Bedürfnissen des Menschen entgegenkommen. Zu diesen Büchern gehört zweifellos die Bibel. Dazu zählen auch Bücher, die überdauernde Motive enthalten und in denen sich der Leser wiederfindet, wie etwa Märchen oder Fabeln, überhaupt Bücher, die größere Entwicklungsabschnitte menschlicher Existenz umfassen oder zeitloser Natur sind. Ich erinnere mich noch daran, wie es mich bewegte, wenn in einigen Büchern Karl Mays nach Jahrzehnten eine Handlung wieder aufgenommen wird. Zumeist ist von politischen Flüchtlingen oder von schuldig gewordenen Auswanderern die Rede, denen die Schatten der Vergangenheit das Leben in der neuen Umgebung schwermachen. Für mich waren das hilfreiche Signale: Gegen allen Anschein gab es doch noch Hoffnung. Das schwelende Problem, das alle Aktivitäten freudlos machte oder gar erstarren ließ, wird endlich gelöst. Auch nach Jahren lohnt es sich noch, Konflikte zu bereinigen. Das ist vielleicht

129

das Geheimnis, warum wir immer wieder zu den gleichen Büchern greifen: Sie geben uns neue Antworten auf unsere Fragen, hören uns geduldig zu, nehmen uns neu gefangen. Sie bewahren unsere innigsten Gefühle und führen uns immer zu den Menschen. Sie erweisen sich als Begleiter in guten und in bösen Tagen. Albrecht Goes hat gleichnishaft geschildert, wie ein Buch die Schattenseiten des Lebens erhellen kann:

„Es gibt Bücher, die, den altrussischen Heiligenbildern gleichend, zu sprechen scheinen: warte, bis es dunkel ist! Mitten im Tag trittst du über die Schwelle des Hauses und begreifst nicht, was denn Sonderliches an dem rauchgeschwärzten Ikonenbild sein soll. Aber warte, bis es dunkel ist: dann glüht der Goldgrund auf, und die Edelsteinaugen haben einen großen Glanz.

Warte, bis es dunkel ist – das bedeutet: in einer bangen Stunde trifft dich eine Seite im Buch, ein Satz nur, und schon ist die Nacht nicht mehr blicklose Nacht, und die Finsternis, vor der dir grauen will, hat Namen und Gesicht." [30]

## „Erst das Wort ..."

Der Grundsatz der Medizinischen Hochschule von Salerno, die im 9. Jahrhundert gegründet wurde und eine der ältesten Europas ist, lautet: „Erst das Wort, dann die Arznei und dann das Messer." Wir haben diesen Grundsatz zum Motto unseres Buches „Nimm und lies" (Hamm 1987) gemacht, weil er uns aktueller denn je erscheint. Heute ist es meist umgekehrt. In vielen Fällen muß ohne seelische Vorbereitung des Kranken zum Messer gegriffen werden, oder dies geschieht nur unzureichend. Hernach versucht die Arznei Schmerzen zu lindern und den Patienten wieder ins Gleichgewicht zu bringen. Das Wort jedoch steht hintenan. Neben der Zuwendung des Arztes und des Pflegepersonals hätte das Buch hier seinen Platz. Obwohl vielerorts Bemühungen zu verzeichnen sind, Bücher therapiebegleitend anzubieten, ist dies – gemessen am tatsächlichen Bedarf – noch sehr wenig. Bibliotherapeutische Arbeit erfolgt, wenn überhaupt, nur im Vorfeld, d. h. allenfalls als gezieltes Verleihen von Büchern. Damit soll dieser wichtige Dienst, der

---

[30] Zitiert nach: Das Buch als Lebenshilfe, Schritte ins Offene 3/1984.

in der Regel von ehrenamtlichen Helferinnen und Helfern in Verbindung mit der Krankenhausbücherei versehen wird, keineswegs geschmälert werden.

Führen wir uns einmal vor Augen, daß im Altertum Priester und Arzt eine Person waren, oftmals waren sie auch noch Dichter und Philosophen. Das heilende Wort stand im Vordergrund. Der Arzt verabreichte Natur-Medizin, aber er mußte auch durch seine Persönlichkeit, durch sein Zuhören und durch sein Wort wirken. Ist es da verwunderlich, wenn in der heutigen Zeit wieder die Auffassung lebendig wird, daß die eigentliche Meisterschaft des Arztes in der Heilung ohne Arznei besteht, nämlich in der Diätetik, und daß viele Heilungen von der Macht des Wortes abhängen?

Das Buch kann als Begleiter des Kranken, vornehmlich bei stationärer Behandlung, von großem Wert sein. Ernst Penzoldt schreibt in seinem Buch „Der dankbare Patient" (Berlin 1972) zu dem, was ein kranker Mensch bei einem stationären Aufenthalt braucht, folgendes:

„Der ideale Arzt sollte seinem Patienten auch geistige Arznei verordnen, etwa in Gestalt von Büchern. Er wird nach Art der Diätzettel gute, leicht verdauliche Lektüre für Kranke zusammenstellen. ‚David Copperfield' von Dickens müßte bei der Bücherdiät unbedingt berücksichtigt werden. Bei Kindern sah ich gute Erfolge durch die Münchener Bilderbogen und alte Bände der Fliegenden Blätter. Aber auch für den Erwachsenen bietet das Krankenlager eine willkommene Gelegenheit, die Lieblingsbücher der Kindheit, die er schon längst einmal wieder lesen wollte, endlich vorzunehmen, daß sie ihn verzaubern und entrücken. Der Patient ist leichter gerührt als der Gesunde. Rührung ist heilsam."

In der gegenwärtigen medizinischen Diskussion tritt die Coping-Struktur des Kranken immer mehr in den Vordergrund. Der Medizinhistoriker Dietrich von Engelhardt schreibt dazu in seinem Buch „Mit der Krankheit leben. Grundlagen und Perspektiven der Copingstruktur des Patienten" (Heidelberg 1986):

„Der Begriff Coping stammt wie Compliance (= Einhalten der Therapievorschriften) aus der englischen Sprache und geht auf das Verb ‚to cope with' zurück – mit der Bedeutung: umgehen mit, bewältigen, meistern. Coping meint also eine glückende, positive und nicht nur neutrale Reaktion auf Probleme und Krisen. Krankheits-Coping heißt demnach: Krankheit integrieren, ihr einen Sinn abgewinnen, sie in das eigene Leben und Selbstverständnis aufnehmen können." (S. 9)

Bei diesem Umgang mit Krisen und Problemen hat sich das Buch als guter unaufdringlicher Helfer bewährt. Nicht zufällig widmet D. v. Engelhardt in seinem fundierten, spannend zu lesenden und reich bebilderten Buch dem Lesen ein ganzes Kapitel ("Das Buch als Therapeutikum und Lebenshilfe", a. a. O., 49–61).

## Begleiter in schwerer Krankheit

Vor 160 Jahren schrieb der schwerkranke Franz Schubert folgenden Brief an seinen Freund Schober:

*„12. November 1828*

*Lieber Schober!*
*Ich bin krank. Ich habe schon 11 Tage nichts gegessen und nichts getrunken, u. wandle matt u. schwankend von Sessel zu Bett u. zurück. Rinna behandelt mich. Wenn ich auch was genieße, so muß ich es gleich wieder von mir geben.*
*Sey also so gut, mir in dieser verzweiflungsvollen Lage durch Lecktüre zu Hülfe zu kommen. Von Cooper habe ich gelesen: Den letzten Mohikaner, den Spion, den Lootsen u. die Ansiedler. Solltest Du vielleicht noch was von ihm haben, so beschwöre ich Dich, mir solches bey der Fr. v. Bogner im Kaffeehh. zu depositiren. Mein Bruder, die Gewissenhaftigkeit selbst, wird solches am gewissenhaftesten mir überbringen. Oder auch etwas Anderes.*
*Dein Freund Schubert"*[31]

Können Bücher in solchen Situationen wirklich helfen, zumindest zeitweilig von dem Leiden ablenken, eine psychische Erholungspause ermöglichen? Nun mag der eine oder andere sagen: Das war vielleicht vor 200 Jahren so, aber heute muß man doch zu anderen Mitteln greifen. Das anschließende Beispiel läßt sich gewiß nicht verallgemeinern, sollte aber nach-

---

[31] Otto Erich Deutsch (Hrsg.): Franz Schuberts Briefe und Schriften, 2. Aufl., München 1922, 97.

denklich stimmen. Im Mai 1987 erhielten wir den Brief einer jungen Frau, die davon berichtet, das gesprochene und vor allem das geschriebene Wort sei für sie in der Zeit, als sie noch ein gesunder Mensch gewesen sei, eine echte Lebenshilfe gewesen. In der Zeit ihrer Krankheit nun brauche sie beides mehr denn je. Sie schildert sodann ihre beiden schweren Krebsoperationen und fährt fort:

*„In welchem seelischen Zustand ich mich befinde, können Sie sich vielleicht vorstellen. Aber in all den schweren Wochen und Monaten, die ich als Vorstufe zur Hölle bezeichnen möchte, hatte ich Gesprächspartner zur Seite, denen ich viel verdanke.*

*Meine Seele hat inzwischen viele blaue Flecken davongetragen. Aber ein Zurück gibt es nicht mehr, es kann nur noch vorwärts gehen. Und ich spüre, daß ich wie nie zuvor eine andere Art von Arznei benötige, um mich selbst immer und immer wieder zum Durchhalten motivieren zu können: Bücher!"*

Dietrich von Engelhardt sagt an einer Stelle seines Buches „Mit der Krankheit leben": „Der kranke Mensch ist immer auch noch ein gesunder Mensch, Krankheit ist ein Teil des Lebens und nicht sein Gegensatz." An dieser Stelle setzt letztlich alles Lesen im Sinn der Bibliotherapie an. Die geistigen Funktionen, die Lesen ermöglichen, sind noch vorhanden, die noch vorliegende seelische Gesundheit wird stabilisiert. Alles das wirkt sich wohltuend auf den kranken Körper aus, ermöglicht zumindest ein besseres Ertragen.

Zahlreiche Patienten haben im Krankenhaus das Buch entdeckt; für viele ist die Krankheit zu einem Medium der Bildung geworden. Manche hervorragende Leistung entstand aufgrund einer Krankheit. J. F. Volrad Deneke schreibt: „... eine Fülle von außergewöhnlichen menschlichen Persönlichkeiten verdanken die Steigerungen ihrer Lebenserfüllung Phasen der Krankheit oder dem Zwang zur Entwicklung kompensatorischer Begabungen und Fähigkeiten." André Gide hat einmal gesagt: „Ich glaube, daß die Krankheiten Schlüssel sind, die uns gewisse Tore öffnen können." Und die nach schwerem Leiden 1983 verstorbene Psychologin Anne-Marie Tausch gab ihrem Buch „Gespräche gegen die Angst" den Untertitel „Krankheit – ein Weg zum Leben" (Reinbek bei Hamburg 1981). Mit diesen Aussagen soll Krankheit nicht verharmlost werden. Aber es soll auf entscheidend positive Begleiterscheinungen der Krankheit hingewiesen werden, die vielleicht erst durch das rechte Buch bewußt und nutzbar gemacht werden und neue Lebensimpulse vermitteln.

## Königlicher Begleiter

Das Buch hat in der Therapie seinen Platz, wo in erster Linie nach der Heilkraft des Lesens gefragt wird. Darüber hinaus erfüllt es eine Funktion als Beistand und Begleiter. Es ist Helfer und Berater, dient aber auch der Verschönerung des Lebens, dem Vergnügen und Genuß, der Freude, der Ästhetik und der Muße. Nachdem zu Beginn dieses Kapitels nach der therapeutischen Funktion des Buches in der Krankheit gefragt wurde, sollen jetzt Buch und Lesen unter dem Blickwinkel historischer Merkmale und allgemeiner Lebensphasen betrachtet werden.

Das Lesen der Worte Gottes war im alten Israel Lebenselixier. Es ist unumgänglich, daß sich die Beauftragten Gottes das göttliche Wort in Form von Schriftstücken „einverleiben". Der Prophet Hesekiel muß eine Schriftrolle essen (Hesekiel 3, 1–3), der Seher Johannes auf Patmos ein Büchlein verschlingen (Offenbarung 10, 10), und beiden schmeckt es süß wie Honig. Ähnlich ist es bei Mohammed, als er vom Engel Gabriel eine Offenbarung empfängt. Er kann nicht lesen, aber er wird dazu gezwungen. Im Koran schreibt Mohammed: „Da las ich die Worte, und es war, als stünden sie in meinem Herzen geschrieben." Dies mag belegen, wie wichtig das Lesen war und was es in den Propheten bewirkte. Viele Beispiele ließen sich hinzufügen, die bezeugen, wie solcherlei Lese-Erlebnisse Menschen in der Tiefe ihrer Seele ergriffen und – hier sei nur an Augustinus erinnert – ihre Lebensrichtung veränderten.

Einen der ältesten Nachweise über das Buch als Begleiter finden wir in Deuteronomium 17, im sogenannten „Königsgesetz":

„Und wenn er dann auf seinem Königsthrone sitzt, soll er sich eine Abschrift dieses Gesetzes in ein Buch schreiben lassen nach dem, das bei den levitischen Priestern sich befindet. Und er soll es bei sich haben und soll darin lesen sein Leben lang, damit er den Herrn, seinen Gott, fürchten lerne und alle Worte dieses Gesetzes und diese Satzungen treulich halte, daß sich sein Herz nicht über seine Brüder erhebe und daß er nicht abweiche von dem Gesetze, weder zur Rechten noch zur Linken, auf daß er lange König sei inmitten Israels, er und seine Söhne" (5. Mose 17, 18–20).

In der Tat haben wir es hier mit einem „Königsgesetz des Lesens" zu tun. Das Buch ist ein Begleiter, der die rechte Beziehung zu Gott vor Augen hält, der Maßstäbe für Gerechtigkeit und politische Machtausübung setzt, die weit über die Amtszeit eines Königs hinausreichen. Selbst wenn das „Königsgesetz" aus der Rückschau auf ein gescheitertes Königtum geschrieben ist, so bleibt die weisende Funktion des Buches, der Aufruf zu ständiger Konfrontation mit dem Wort Gottes, davon doch unberührt: Jahwes Wort galt zu allen Zeiten.

Der König als Repräsentant des unsichtbaren Königs Israels, des Gottes Jahwe, soll in besonderer Weise Vorbild eines Lebens nach dem Willen Gottes sein. Deshalb soll er das Gesetz Gottes bei sich haben und täglich darin lesen. Dieses tägliche Lesen soll in jeder Lage die doppelte Beziehung bewußt machen, der er sich verantwortlich stellen muß. Es geht einmal darum, Gott fürchten zu lernen als den einen Gott und ihn mit allen Kräften des menschlichen Wesens zu lieben, und zum andern darum, zum Wohl der Mitmenschen nicht vom Gesetz Gottes abzuweichen. Der König gewinnt über das wiederholte Lesen eine Beziehung zu dem „Autor". Auf diese Weise wird das Buch zum Subjekt.

Was für den König gilt, gilt auch für das gesamte Volk Israel. Über das Buch hinaus, das ja einen Lesekundigen voraussetzt, soll das Gesetz Gottes „ins Herz geschrieben" sein, damit man es jederzeit den Kindern einschärfen könne. Die Worte Gottes sollen zum „Denkzeichen auf die Hand gebunden" und zum „Merkzeichen auf der Stirn getragen" werden, man soll sie auf Türpfosten des Hauses und an die Tore schreiben (vgl. 5. Mose 6, 1–9).

Das Buch der Juden zog auch in der Zerstreuung mit ihnen mit wie Gott Jahwe selbst, es begleitete sie durch Zeiten und Räume. Und wenn sie alles aufgeben und verlassen mußten, so trugen sie doch ihr Buch, die heilige Schrift, bei sich wie einst der König. So konnten sie in der Orientierung an den Geboten Gottes und in der Hoffnung auf Erfüllung der göttlichen Verheißungen Vertreibung und Verfolgung „lesend überleben".

Nun macht die Aufforderung zum Lesen einen Aspekt deutlich, der letztlich jeden Menschen betrifft und den Stellenwert der Bibliotherapie erkennen läßt. Der Mensch ist permanent in der Gefahr, das „normale" (durch Gebot und Gesetz charakterisierte bzw. durch das Liebeshandeln Jesu geprägte) Verhältnis zu Gott zu betrüben oder gar zu zerstören. Nach Eduard Thurneysen ist der Mensch gekennzeichnet durch die „mehr oder weniger tiefe Störung und Verminderung seiner Normalität"[32]. Im biblischen Sinn ist er krank wegen seiner Sünde. Die theologische Dimension der Bibliotherapie läßt sich demnach dahingehend beschreiben, daß durch ein gezieltes Angebot von Lesestoffen und das seelsorgerliche Gespräch ein Wandlungsprozeß beginnt, in welchem das Verhältnis zwischen Gott und Mensch im Mittelpunkt steht. Bibliotherapie in diesem Sinn vermittelt neue Perspektiven und visiert alternative Lebensmöglichkeiten an, indem sie Motive wie Aufbruch, Standortwechsel, Umkehr und neue Aufgabe in den Vordergrund rückt und Frieden in umfassender Sicht thematisiert, d.h. eine geklärte Beziehung des Menschen zu sich selbst, zu seiner Umwelt und zu Gott anstrebt. Sie versteht sich als begleitende Seelsorge mit dem Buch und kann auf eine Fülle guter Literatur – vornehmlich Biographien und Briefe[33] – zurückgreifen.

---

[32] Eduard Thurneysen: Die Lehre von der Seelsorge, München 1948, 194.
[33] Z.B.: Dietrich Bonhoeffer: Widerstand und Ergebung. Briefe und Aufzeichnungen aus der Haft, hrsg. von Eberhardt Bethge, München 1951;
Du hast mich heimgesucht bei Nacht. Abschiedsbriefe und Aufzeichnungen des Widerstandes 1933 bis 1945, hrsg. von Helmut Gollwitzer, Käthe Kuhn und Reinhold Schneider, München 1954.

## Begleiter auf den Lebensstufen

Das Buch in seiner vielfältigen Gestalt hat jeder Altersstufe etwas zu bieten, angefangen beim bruchsicheren Karton-Bilderbuch für die Kleinsten bis zum Buch mit Großdruck für „alte Augen".

Es gibt viele Bücher, die sich einzelnen Altersstufen zuordnen lassen. Unsere Erfahrungen haben gezeigt, daß die Auswahl von Büchern bzw. Geschichten am besten anhand von Motiven erfolgt, die für Menschen in einer bestimmten Entwicklung besonders charakteristisch sind, also etwa Angst, Identität, Liebe, Arbeit, Alter (vgl. dazu unser Buch „Nimm und lies. Heilsame Geschichten", Hamm 1987). Verfehlt wäre nun, eine Liste geeignet erscheinender Bücher zusammenzustellen, da eine solche Auswahl immer subjektiv bliebe. Deshalb seien hier einige exemplarische Eindrücke weitergegeben, die vielleicht dazu anregen, mit Büchern eigene Erfahrungen zu machen. Entscheidend für ein Buch, das bibliotherapeutischen Ansprüchen genügt, ist sein hilfreiches bzw. „heilsames" Potential: Holt es den Leser dort ab, wo er steht? Ist es lebensbejahend trotz aller Argumente, die man gegen sinnlos erscheinendes Leben in den Bedrohungen unserer Zeit anführen könnte? Vermittelt es Zukunftsperspektiven? Regt es zu Konfliktlösungen an, ermutigt es zum nächsten Schritt? Aber, so könnte man einwerfen, welche Bücher sollen das leisten? Müssen das nicht spezielle Lehrbücher, Ratgeber oder ausgewählte Werke der Weltliteratur sein? Beileibe nicht: Es gibt viele Bücher, die die aufgeworfenen Fragen eher indirekt, ganz behutsam, manchmal nur so eben wie ein Hauch ansprechen, etwa durch abenteuerliche und märchenhafte Geschehnisse, durch Bilder und Symbole, und gerade damit Wirkung erzielen. Ein großer Einfluß geht auch von dem Mitteilen bewältigter Schicksale aus, die auf die eigene Person übertragen werden können. Daneben sind Phantasie und Humor wesentliche Merkmale therapeutischer Literatur. Und eines muß immer wieder betont werden: Anhand von Kinderbüchern können Erwachsene „lesend von Kindern lernen" (vgl. Deutsches Allgemeines Sonntagsblatt vom 6.11.88), so daß viele Kinder- und Jugendbücher auch dringliche Lese-Empfehlungen für

Erwachsene sind. Unsere Erfahrung: Wenn Erwachsene nicht wissen, daß es sich um ein Kinderbuch handelt, lesen sie es gern.

## Roman überwindet seine Angst

Der fünfjährige Roman hat Angst vor dem Zahnarzt. Er ist nur mit äußerster Mühe dazu zu bewegen, mit zur Behandlung zu gehen. Aber er macht den Mund nicht auf. Alles Zureden ist vergeblich, und auch energische Bemühungen bleiben erfolglos. Einige Zeit später liest ihm sein Vater abends das Bilderbuch von Janosch „Ich mach dich gesund, sagte der Bär. Die Geschichte wie der Tiger einmal krank war" (Zürich 1985) vor. Es ist die humorvolle Geschichte von dem Tiger, der das Auf und Ab seiner Krankheit erlebt und sich als Trostspeise „Springforelle, Mandelkernsoße, Kartöffelchen und Semmelbröseln" wünscht, aber eigentlich Boullion meint. Liebevoll wird er vom kleinen Bären verbunden und gepflegt und schließlich vom Wanderesel und vom starken Wolf auf einer Tragbahre in das Krankenhaus für Tiere gebracht. Dann bekommt er ein sauberes Nachthemd, wird gebadet und vom Doktor Brausefrosch gründlich untersucht. Er wird durchleuchtet und erhält eine „wohltuende kleine Spritze". Am nächsten Tag ist er gesund, und die Tiere holen ihn mit Pauken und Trompeten ab.

Roman ist von dem Bilderbuch sichtlich beeindruckt. Sein Vater muß es wieder und wieder vorlesen, vor allem die lustigen Stellen und den Ablauf im Krankenhaus. Dann äußert Roman plötzlich von sich aus, er sei bereit, beim Zahnarzt den Mund aufzumachen. Und später bei der Behandlung läßt er sich sogar eine kleine Spritze geben.

Was kein noch so vernünftiges Argument vermochte, hatte die Bilderbuchgeschichte mühelos bewirkt. Roman war auf einer anderen Ebene über die Phantasie angesprochen worden. Er hatte sich mit dem Tiger identifizieren können und erkannt, daß manchmal ein Aufsuchen des Arztes unumgänglich ist. Die gelungene Kombination von Humor und Aufklärung tat ein übriges, um auch die Methode der Behandlung vertrauensvoll zu akzeptieren.

*Christiane fühlt sich getröstet*

In einer Jugendstunde lese ich das Märchen „Der kleine Tag" von Wolfram Eicke (Wahlstedt 1986) vor [34]. Der kleine Tag, der 23. Februar eines ganz bestimmten Jahres, lebt mit seinen Eltern und Geschwistern dort, wo alle Tage leben, bevor sie auf die Erde kommen. Jeder Tag kann nur ein einziges Mal auf der Erde erscheinen, und deshalb freut er sich auf diesen Höhepunkt. Die Vorfahren des kleinen Tages waren berühmte Tage; sie hatten z. B. Kriege, Erdbeben oder ein Weltraumereignis zu verzeichnen. Wenn ein Tag von der Erde zurückkam, mußte er genau über seinen Verlauf berichten. Der Vater des kleinen Tages setzt den Maßstab: Es sei ganz wichtig, daß etwas Ungewöhnliches passiere; man müsse sich an den kleinen Tag erinnern, sonst sei sein ganzes Leben sinnlos. „Dabei kommt es gar nicht darauf an, ob etwas Gutes oder Böses geschieht. Hauptsache, du hinterläßt einen bleibenden Eindruck."

Als der kleine Tag am 23. Februar voller Erwartung auf die Erde kommt, ist er enttäuscht. Die Sonne scheint nicht, und die Menschen seufzen unter dem ungemütlichen Nieselregen. Doch der kleine Tag erlebt den Geburtstag eines fröhlichen Jungen, die Schönheit der Natur, zufriedene Leute bei der Arbeit und ein glückliches Liebespaar. Nach Hause zurückgekehrt, berichtet er aufgeregt von seinen Erlebnissen. Die älteren Tage machen sich über ihn lustig: „Na ja, das kennen wir ja alle, aber nun erzähl mal die interessanten Dinge. Was hat sich denn nun wirklich ereignet?" Sie erwarten Flugzeugentführungen, Überschwemmungen oder wenigstens einen Banküberfall. Ein Onkel bezeichnet den kleinen Tag als Nichts. „Schon morgen hat man dich auf der Erde vergessen! Kein Buch wird dich erwähnen, kein Mensch wird sich an dich erinnern. Geburtstag! Sonne! Liebe! Daß ich nicht lache!" Die Mutter versucht ihn zu trösten, aber er verkriecht sich traurig und einsam in eine Ecke.

Eines Abends jedoch, es sind viele Jahre vergangen, kommt ein Neffe des kleinen Tages von der Erde zurück und erzählt, der 23. Februar sei zum internationalen Feiertag erklärt wor-

---

[34] Abgedruckt auch in: Heinz Körner & Roland Kübler: Wie viele Farben hat die Sehnsucht? Ein Märchenbuch, 6. Aufl., Fellbach 1988.

den, weil an diesem Tag nichts Böses auf Erden geschehen sei. Der kleine Tag ist rehabilitiert. Er kann gar nichts sagen, nur strahlen.

Diese Geschichte hinterließ auf die jungen Erwachsenen eine starke Wirkung. Christiane, die gerade 18 Jahre alt geworden war und vor einer wichtigen Prüfung stand, schien offensichtlich getröstet und ermutigt. In manchen Gesprächen hatte sie mir ihre Sorgen und Nöte erzählt. Sie faßte kein Vertrauen zu sich selbst und ließ sich schnell verunsichern. Durch übersteigerte Ansprüche und Forderungen an die eigene Adresse machte sie sich das Leben schwer und stand ständig unter Streß. Bei ihrer Begabung und ihrer soliden Arbeit hätte sie das alles nicht nötig gehabt. Jeder sah das so, nur sie selbst nicht.

Der „kleine Tag" konnte ihr helfen, gelassener zu werden. Der Gedanke, daß alles, was man tut, folgenlos ist oder in Vergessenheit gerät, kann sehr belasten. Leistungszwang zersetzt alles Unbekümmerte und Natürliche. Deshalb ist es gut zu erfahren: Der Vater des „kleinen Tages" hat nicht recht. Am Ende bekommt der recht, der vorher gedemütigt wurde, obwohl er an den Vorgängen auf der Erde gar keine Schuld hatte. Auch hier trug eine phantasievolle Geschichte, vom Autor als „Märchen" bezeichnet, zu neuen Einsichten bei:

– Auf die kleinen Dinge des Lebens sollte ich viel mehr achten und dankbar dafür sein.
– Ich muß nicht immer ein unmittelbares Ergebnis meines Handelns sehen. Aus manchem Geschehen entwickelt sich etwas, was erst später sichtbar wird.
– Ich habe mehr Chancen als nur einen einzigen Tag.
– Jeder Augenblick ist wichtig und lebenswert.

Den letzten Punkt akzentuiert ein kleines Beispiel aus den Erzählungen der Chassidim, die eine lebensbejahende Bewegung im Judentum waren. Der Schüler eines jüdischen Weisen wurde einmal gefragt, was denn wohl für seinen berühmten Lehrer das Wichtigste im Leben gewesen sei. Der Gefragte überlegte eine Weile, dann sagte er: „Womit er sich gerade abgab." [35]

---

[35] Nach Martin Buber: Werke Dritter Band: Schriften zum Chassidismus, München, Heidelberg 1963, 563.

*Peter findet ein Packende*

„Mein Leben hängt an einem seidenen Faden." Diese bildhafte Aussage klingt auf den ersten Blick eher pessimistisch,
da die kleinste Berührung genügt, um den Faden zum Zerrei-
ßen zu bringen. Sie kann aber auch, bedenkt man einmal die
nachstehende Geschichte, „Der Gefangene im Turm"[36], eine
Chance bedeuten: Das Leben ist eben nicht restlos abgeschnit-
ten.

Peter, ein 43jähriger Alkoholiker und Tippelbruder, hatte
sich über acht Jahre auf der Straße herumgetrieben. Bei dem
Straßeneinsatz einer Jugendgruppe hatte er Anschluß an eine
christliche Gemeinde gefunden und beschlossen, sein Leben
zu ändern. Viele anstrengende Stationen galt es für ihn zu bewältigen: Entgiftung im Krankenhaus, Entziehungskur,
Selbsthilfegruppe. Die Geschichte, die eines Abends vorgelesen wurde, konnte er Punkt für Punkt auf sein Leben übertragen.

## DER GEFANGENE IM TURM

*Ein hoher Beamter fiel bei seinem König in Ungnade. Der König
ließ ihn im obersten Raum eines Turmes einkerkern. In einer
mondhellen Nacht aber stand der Gefangene oben auf der Zinne
des Turmes und schaute hinab.*

*Da sah er seine Frau unten stehen. Sie gab ihm Zeichen und
berührte die Mauer des Turmes. Gespannt blickte der Mann hinunter, um zu erkennen, was seine Frau hier tat. Aber es war für
ihn nicht verständlich, und so wartete er geduldig auf das, was da
kam.*

*Die Frau am Fuß des Turmes hatte ein honigliebendes Insekt
gefangen; sie bestrich die Fühler des Käfers mit Honig. Dann be-
festigte sie das Ende eines Seidenfadens am Körper des Käfers
und setzte das Tierchen mit dem Kopf nach oben an die Turm-
mauer, gerade an die Stelle, über der sie hoch oben ihren Mann
stehen sah. Der Käfer kroch langsam dem Geruch des Honigs
nach, immer nach oben, bis er schließlich dort ankam, wo der gefangene Ehemann stand.*

*Der gefangene Mann war aufmerksam und lauschte in die*

---

[36] In: Willi Hoffsümmer (Hrsg.): Kurzgeschichten 1, 9. Aufl., Mainz 1987, 76.

*Nacht hinein, und sein Blick ging nach unten. Da sah er das*
*kleine Tier über die Rampe klettern. Er griff behutsam nach ihm,*
*löste den Seidenfaden, befreite das Insekt und zog den Seiden-*
*faden langsam und vorsichtig zu sich empor.*

*Der Faden aber wurde immer schwerer, es schien, daß etwas*
*daran hing. Und als der Ehemann den Seidenfaden ganz bei sich*
*hatte, sah er, daß am Ende des turmlangen Fadens ein Zwirn-*
*faden befestigt war.*

*Der Mann oben zog nun auch diesen Faden zu sich empor. Der*
*Faden wurde immer schwerer, und siehe, an seinem Ende war ein*
*kräftiger Bindfaden festgemacht. Langsam und vorsichtig zog*
*der Mann den Bindfaden zu sich empor. Auch dieser wurde im-*
*mer schwerer. Und an seinem Ende war dem Manne eine starke*
*Schnur in die Hand gegeben.*

*Der Mann zog die Schnur zu sich heran, und ihr Gewicht*
*nahm immer mehr zu, und als das Ende in seiner Hand war, sah*
*er, daß hier ein starkes Seil angeknotet war. Das Seil machte der*
*Mann an einer Turmzinne fest. Das weitere war einfach und*
*selbstverständlich. Der Gefangene ließ sich am Seil hinab und*
*war frei. Er ging mit seiner Frau schweigend in die stille Nacht*
*hinaus und verließ das Land des ungerechten Königs.*

In einem Schreiben, in dem er sich selbst als „ewig Suchen-
der von der Straße" und als „Berber" bezeichnet, teilte Peter
mir die einzelnen Etappen seines Standortwechsels mit, die er
zudem durch eine Zeichnung veranschaulichte.

Der Seidenfaden: Pantomimenspiel einer christlichen
Gruppe. Ich werde aufmerksam und bleibe
stehen.

Der Zwirnsfaden: Gesang der Jugendgruppe. Ich stelle mich
dazu und versuche mitzusingen.

Der Bindfaden: Einer lädt mich zum Abend ein.

Die Schnur: Vertiefte Gespräche über den Glauben.

Das Seil: Gott. Rettung und Neubeginn.

Mehrfach mußte Peter erfahren, wie schwer es ist, das Seil
festzuhalten. Er überschätzte seine Kräfte und meinte, ein si-
cheres Packende zu haben. Manchmal entglitt ihm das Seil,
einige Male wollte er es auch fortwerfen. Aber in den notvol-
len Prozessen des Rückfalls stand ihm neben liebevollen Men-

schen immer wieder die Geschichte vor Augen und ermutigte
ihn, neu nach dem seidenen Faden zu greifen. Und schließlich
trug das Bemühen Frucht, trotz aller Niederlagen und Zweifel
an sich selbst anzuknüpfen und konsequent nach einem stärke-
ren Halt Ausschau zu halten. Er bejahte eine Langzeittherapie,
die ihn festigte. Die Geschichte bleibt sein Begleiter, doch nie
mehr möchte er im Turm seiner Sucht gefangen sein.

### Frau S. gewinnt Mut für die Zukunft

Frau S. war eine engagierte Lehrerin, die es verstand, selbst die
wildesten Schüler aus dem 7. Schuljahr zu bändigen. Und jeder wußte: Bei ihr lernen wir etwas. Ihrer Pensionierung sah
sie mit wachsender Unruhe entgegen. Was wird sein, wenn ich
die Schule hinter mir habe, wenn mit einem Schlag alles vorbei
ist, wenn ich „arbeitslos" bin? Gewiß, da gibt es noch die Al-
tenakademie oder das Seniorenstudium, die Fortbildungsver-
anstaltungen und Abendseminare – aber was dann? Die Leere
stand wie ein tiefer Graben vor ihr, wie ein dunkles Unge-
heuer, drohend, unausweichlich. „Selbst wenn ich dann noch
wollte, irgendwann bin ich zu alt dazu " Frau S. fürchtete sich
davor, eines Tages mit leeren Händen dazustehen. Die schönsten Stunden waren für sie, wenn ehemalige Schüler sie be-
suchten. Aber eines Tages würden auch die sich nicht mehr an
ihre alte Lehrerin erinnern oder fortgezogen sein.

Ich merkte recht schnell, daß sich ihre Fragen darin nicht er-
schöpften. Dahinter standen auch Ängste: Wie werde ich den
letzten Abschnitt meines Lebens bewältigen; werde ich vielleicht krank, pflegebedürftig? Gibt es eine Hoffnung über den
Tod hinaus? Ohne lange zu überlegen, las ich ihr das Gedicht
„Chance der Bärenraupe, über die Straße zu kommen" von
Rudolf Otto Wiemer vor [37].

---

[37] Rudolf Otto Wiemer: Chance der Bärenraupe, über die Straße zu kommen, in:
Ders.: Ernstfall, 2. Aufl., Stuttgart 1979.

## CHANCE DER BÄRENRAUPE, ÜBER DIE STRASSE ZU KOMMEN

*Keine Chance. Sechs Meter Asphalt.*
*Zwanzig Autos in der Minute.*
*Fünf Laster. Ein Schlepper. Ein Pferdefuhrwerk.*

*Die Bärenraupe weiß nichts von Autos.*
*Sie weiß nicht, wie breit der Asphalt ist.*
*Weiß nichts von Fußgängern, Radfahrern, Mopeds.*

*Die Bärenraupe weiß nur, daß jenseits*
*Grün wächst. Herrliches Grün, vermutlich freßbar.*
*Sie hat Lust auf Grün. Man müßte hinüber.*

*Keine Chance. Sechs Meter Asphalt.*
*Sie geht los. Geht los auf Stummelfüßen.*
*Zwanzig Autos in der Minute.*

*Geht los ohne Hast. Ohne Furcht. Ohne Taktik.*
*Fünf Laster. Ein Schlepper. Ein Pferdefuhrwerk.*
*Geht los und geht und geht und geht und kommt an.*

Frau S. fand das Gedicht „sehr gut", für mich ein Beweis, daß es sie ansprach. Aber das war nicht das Eigentliche. Entscheidend war die veränderte Perspektive. Die Bärenraupe weiß nichts von den Bedrohungen und Gefahren, sie sieht nur das Ziel. Und das wurde deutlich: Es geht nicht darum, Widerstände zu verharmlosen oder die Augen vor Gefahren zu verschließen. Schlimm wäre es jedoch, wenn die Furcht vor dem, was einem begegnen könnte, alle Wünsche zum Ersterben bringen und alle Aktivitäten lähmen würde. Da ist es förderlich, sich am „Grün" zu orientieren; da ist es lebensnotwendig, loszugehen, solange die Kraft noch reicht. Müssen wir nicht manchmal werden wie ein Kind, das nur das Ziel vor Augen und Vertrauen in die Wirklichkeit hat? Und ist unsere Chance nicht größer als die der Bärenraupe?

### Hamilkar Schaß kann lesend überleben

Eine vergnüglich-tiefgründige Episode über das Thema „lesend überleben" hat Siegfried Lenz in seinem Buch „So zärtlich war Suleyken. Masurische Geschichten" (Hamburg 1955) geschrieben. In der ersten Geschichte des Buches, betitelt „Der Leseteufel", erzählt er von seinem Großvater Hamilkar Schaß, der sich mit 71 Jahren das Lesen beigebracht hat. Trotz eines bevorstehenden Überfalls auf sein Heimatdorf Suleyken durch den wilden General Wawrila liest er gerade mit Hingabe in einem Masuren-Kalender. Der um Verteidigung bemühte Adolf Abromeit bringt ihn dazu, sein Gewehr zu nehmen und in einem Jagdhaus auf den Angriff des Generals zu warten. In diesem Jagdhaus entdeckt Hamilkar Schaß ein Buch, und er vergißt die Kälte, die gefährliche Situation und alles um sich her. Auf dem Bauch liegend und lesend, hat er keinen Blick mehr für den Kampf, der beginnt. Den drängenden Kampfgefährten bittet er um Verständnis: „Nur noch das Kapitelchen zu Ende. (…) Nur noch, wenn ich bitten darf, die letzten fünf Seiten." Die Geschichte endet folgendermaßen:

„Wie man vermuten wird: kaum hatte Hamilkar Schaß weitere Zeilen gelesen, als die Tür erbrochen ward, und wer kam hereinspaziert? General Zoch Wawrila. Ging natürlich gleich auf den Großvater zu, brüllte heiser und lachte, wie er das so an sich hatte, und dann sagte er: ‚Spring auf meine Hand, du Frosch, ich will dich aufblasen.‘ Das war, ohne Zweifel, eine Anspielung auf seine Herkunft und seine Gewohnheiten. Doch Hamilkar Schaß entgegnete: ‚Gleich. Nur noch anderthalb Seiten.‘

Wawrila wurde wütend und zog meinem Großvater eine über, und dann fühlte er sich bemüßigt, so zu sprechen: ‚Ich werde dich jetzt, du alte Eidechse, halbieren. Aber ganz langsam.‘

‚Eine Seite nur noch‘, sagte Hamilkar Schaß. ‚Es sind, bei Gottchen, nicht mehr als fünfunddreißig Zeilen. Dann ist das Kapitelchen zu Ende.‘

Wawrila, bestürzt, beinahe nüchtern geworden, lieh sich von einem hinkenden Menschen aus seiner Begleitung eine Flinte, drückte den Lauf auf den Hals des Hamilkar Schaß und sagte: ‚Ich werde dich, du stinkende Dotterblume, mit gehacktem Blei wegpusten. Schau her, die Flinte ist gespannt.‘ – ‚Gleich‘, sagte Hamilkar Schaß. ‚Nur noch zehn Zeilen, dann wird alles geregelt werden, wie es sein soll.‘

Da packte, wie jeder Kundige verstehen wird, Wawrila und

*seine Bagage ein solch unheimliches Entsetzen, daß sie, ihre*
*Flinten zurücklassend, dahin flohen, woher sie gekommen waren*
*– dahin: damit sind gemeint die besonders trostlosen Sümpfe Ro-*
*kitnos.*

*Adolf Abromeit, der die Flucht staunend beobachtet hatte,*
*schlich sich zurück, trat, mit seiner Flinte in der Hand, neben den*
*Lesenden und wartete stumm. Und nachdem auch die letzte*
*Zeile gelesen war, hob Hamilkar Schaß den Kopf, lächelte selig*
*und sagte: ‚Du hast, Adolf Abromeit, scheint mir, etwas ge-*
*sagt?‘ "*

Der lesebesessene Hamilkar Schaß ist ver-rückt in eine andere Welt. Gegen einen derart Begeisterten, der den Krieg und
die Waffe im Nacken ignoriert, sind die Gegner machtlos ...
Irritation durch Leseleidenschaft und Bücher – ein Hinweis
zum Überleben?

## Über den Tod hinaus

Eine klassische Ballade soll die Beispiele beenden. Warum gerade diese Auswahl erfolgt, sei kurz erläutert. Viele Balladen
haben das, was Existenz und Psyche des Menschen zutiefst betrifft, überdauernd dargestellt. Dies läßt sich aus ihrer Vorliebe
für Grenzsituationen erklären. So gehört das weite Feld von
Liebe, Tod und Abenteuer zu ihrer Thematik, aber auch das
Unheimliche, die Konfrontation mit bedrohlichen Mächten,
Scheitern und Bewährung, Schuld und Läuterung. Das, was
immer wieder zur Abwertung der Ballade als literarische Gattung geführt hat, ist ihr lehrhaftes, teilweise moralisierendes
Element. Davon ist jedoch in Theodor Fontanes „Herr von
Ribbeck auf Ribbeck im Havelland" nichts zu finden.

Fontanes Ballade spricht das Motiv der menschlichen Güte
an. Ihre straffe Form, ihre Beschränkung auf Wesentliches und
ihr Überraschungsmoment erreichen durchaus den heutigen
Menschen; selbst moderne Musikinterpreten haben ihr ein
neues melodisch-rhythmisches Gewand gegeben. Das Geschehen mag auf den ersten Blick als romantisch oder nostalgisch
erscheinen, zudem verfremdet durch einige veraltete Begriffe
und die wörtliche Rede im Dialekt. Doch bei näherer Betrachtung spiegeln sich in dieser Dichtung Existenzmerkmale wi-

der, die über den Tod hinausreichen. Die Ballade fixiert nicht
auf die damalige Situation, sondern setzt diese bis in unsere
Tage fort, indem sie sie auf menschliches Handeln allgemein
und die Einstellung zum Tod im besonderen übertragbar
macht.

### HERR VON RIBBECK AUF RIBBECK IM HAVELLAND

*Herr von Ribbeck auf Ribbeck im Havelland,*
*ein Birnbaum in seinem Garten stand;*
*Und kam die goldene Herbsteszeit*
*und die Birnen leuchteten weit und breit,*
*da stopfte, wenn's Mittag vom Turme scholl,*
*der von Ribbeck sich beide Taschen voll;*
*Und kam in Pantinen ein Junge daher,*
*so rief er: „Junge, wist 'ne Beer?"*
*Und kam ein Mädel, so rief er: „Lütt Dirn,*
*kumm man röwer, ik hebb 'ne Birn!"*
*So ging es viel Jahre, bis lobesam*
*der von Ribbeck auf Ribbeck zu sterben kam.*
*Er fühlte sein Ende, 's war Herbsteszeit,*
*wieder lachten die Birnen weit und breit.*
*Da sagte von Ribbeck: „Ich scheide nun ab.*
*Legt mir eine Birne mit ins Grab!"*
*Und drei Tage drauf, aus dem Doppeldachhaus,*
*trugen von Ribbeck sie hinaus.*
*Alle Bauern und Büdner mit Feiergesicht*
*sangen: „Jesus, meine Zuversicht",*
*und die Kinder klagten, das Herze schwer:*
*„He is dod nu. Wer giwt uns nu 'ne Beer?"*
*So klagten die Kinder. Das war nicht recht,*
*ach, sie kannten den alten Ribbeck schlecht; –*
*der neue freilich, der knausert und spart,*
*hält Park und Birnbaum strenge verwahrt.*
*Aber der alte, vorahnend schon*
*und voll Mißtrauen gegen den eigenen Sohn,*
*der wußte genau, was er damals tat,*
*als um eine Birne ins Grab er bat.*
*Und im dritten Jahr aus dem stillen Haus*
*ein Birnbaumsprößling sproßt heraus.*

*Und die Jahre gehen wohl auf und ab,*
*längst wölbt sich ein Birnbaum über dem Grab,*
*und in der goldenen Herbsteszeit*
*leuchtet's wieder weit und breit.*
*Und kommt ein Jung übern Kirchhof her,*
*so flüstert's im Baume: „Wist 'ne Beer?"*
*Und kommt ein Mädel, so flüstert's: „Lütt Dirn,*
*kumm man röwer, ik gew di 'ne Birn."*
*So spendet Segen noch immer die Hand*
*des von Ribbeck auf Ribbeck im Havelland.*

Die biblische Wahrheit „An ihren Früchten sollt ihr sie erkennen" (Matthäus 7,16) ereignet sich hier ganz wörtlich.
Während viele Menschen sagen: „Nach mir die Sintflut! Mit
dem Tod ist alles aus!" denkt Herr von Ribbeck über den Tod
hinaus und hinterläßt ein Vermächtnis. Er sorgt mit seinem
letzten Willen dafür, daß der Tod seiner Liebe zu den Kindern
keinen Abbruch tun kann. Zahllosen Menschen ist diese Ballade eine heilsame Anregung geworden, über das eigene Leben
und Sterben nachzudenken.

# KAPITEL 12

# Lese-Buch-Geschichten

## Über die Funktionen von Geschichten

„Jedes Buch, das ich in einem Winkel liegen sehe, was der alltägliche Zufall mir in die Hände spielt, ist mir Orakel, schließt mir eine neue Aussicht auf, unterrichtet und bestimmt mich."

*Novalis*

Wer wollte umfassend beschreiben, was alles ein Buch und eine Geschichte ausmacht? Das Lesen ist so vielfältig wie die Welt, so individuell wie jeder Leser. Wenn wir im abschließenden Kapitel einige Funktionen von Geschichten auflisten, so kann dies nur dem Anspruch genügen, die Wesensmerkmale darzustellen, die den Leitfaden durch das Buch bilden. Das Einteilungsschema dient nur der besseren Unterscheidung. Denn meist hat eine Geschichte mehrere Funktionen, wobei eine überwiegt. Auf diesem Hintergrund soll die folgende Übersicht im Kontext zu Aussagen über Buch und Lesen verstanden werden.

„Wir lieben unsere Geschichten, weil wir die Menschen lieben: Wir wollen ihnen Verständnis und Mitgefühl entgegenbringen; und es drängt uns ganz intensiv danach, ihnen alles zu sagen und alles mit ihnen zu teilen. (...) Einander Geschichten zu erzählen – so geschickt, unumwunden und unmittelbar, wie wir das nur können – ist ein natürlicher Bestandteil der wichtigen und erregenden Aufgabe, gemeinsam auf einem Planeten zu leben."

*Patricia Wrightson*

# 1. Modellfunktion

## Geschichten als Vorbilder

„Was immer ein Autor vor uns ausbreitet, wir können seine Gedanken verfolgen und mitvollziehen. Wir können, was sonst schwer genug fällt, ‚in den Gedanken anderer lesen'. Auf diesem kurzen Umweg lernen wir uns selbst kennen. Das in der Kindheit, in der Jugend Gedachte tritt mit den Bildern eines geliebten Buches wieder hervor; man erkennt sich in anderen wieder, lernt den anderen und damit sich selbst verstehen."

*Ernst von Khuon*

Schon in der Kindheit werden Geschichten als modellhaft aufgenommen. Sie können vorbildhaft für bestimmte Situationen und Entwicklungsaufgaben fungieren. So erkennen Kinder ihre Ängste, Sehnsüchte, Wünsche und Träume wieder. Kreativität, Phantasie und Antizipationsfähigkeit werden gefördert. Märchen beispielsweise helfen dem Kind, Fragen menschlicher Entwicklung vorwegzunehmen und auf dem Schoß der Mutter zu bearbeiten. Je nach Art des Textes werden Ermutigung, Trost, Geborgenheit und Vertrauen vermittelt. Bibliotherapeutisch relevante Texte richten den Menschen lebensbejahend aus, erwecken Eigeninitiative und bahnen Lösungswege aus Konflikten und Krisen an. Dem Erwachsenen verhilft das „Lesen am Modell" zum Erkennen des eigenen Wesens und kann einen heilsamen Lernprozeß in Gang setzen.

„Bücher sind Mittel zur Selbstfindung, und jeder benötigt andere."

*Zenta Maurina*

„Alle großen Lese-Erlebnisse sind Meilensteine in unserer Existenz."

*Alphonse de Lamartine*

## 2. Erholungsfunktion

### In eine andere Welt versinken

„Wenn ein Kind lesen gelernt hat und gerne liest, entdeckt und erobert es eine zweite Welt, das Reich der Buchstaben. Das Land des Lesens ist ein geheimnisvoller, unendlicher Erdteil. Aus Druckerschwärze entstehen Dinge, Menschen, Geister und Götter, die man sonst nicht sehen könnte. Wer noch nicht lesen kann, sieht nur, was greifbar vor seiner Nase liegt oder steht. (…) Wer lesen kann, hat ein zweites Paar Augen."

*Erich Kästner*

Geschichten ermöglichen regenerierendes Vergessen, Abtauchen, Atemholen, psychische Befreiung, die die Realität durchstrahlen und die emotionalen Kräfte des Individuums stärken kann. Gerade durch das stille Lesen wird die Faszination des „Sehenlernens", des inneren Bilderlebens, erfahren. Nicht so sehr die vorgegebenen Bilder (Comic, Fernsehen, Video, Film) üben eine nachhaltige Wirkung auf die Entwicklung unserer Persönlichkeit aus, als vielmehr die eigenen, die in den „geheimsten Kammern unserer Seele" (Lindgren) entstehen. Lesen ist Versinken in eine andere Welt, Mitgerissenwerden in das Abenteuer von Wüste, Meer und Prärie, Verstricktsein in fremde Schicksale – und doch letztlich intensive Begegnung mit sich selbst. Die dabei entstehenden ureigenen Bilder tragen zu wirklicher seelischer Erholung bei.

„Wenn er so alle seine Kräfte im Lesen anspannte, verlor er gewissermaßen das Bewußtsein seines Körpers und lebte nunmehr durch das gewaltige Spiel seiner inneren Organe, deren Kräfte sich über alles Maß entfaltet hatten …"

*Honoré de Balzac*

## 3. Überlieferungsfunktion

### Von den Alten lernen

Der Wolf kam zum Bach.
Da entsprang das Lamm.
„Bleib nur, du störst mich nicht", rief der Wolf.
„Danke", rief das Lamm zurück,
„ich habe im Äsop gelesen."

*Helmut Arntzen*

Geschichten geben Erfahrungen weiter. Wer sie richtig aufzunehmen und anzuwenden weiß, braucht viele leidvolle Erfahrungen nicht zu machen. Er kann teilhaben an beglückenden Erlebnissen anderer Menschen; seine Empfindungen und
Gefühle werden vertieft. Alte Geschichten und viele Autobio-
graphien enthalten oftmals überdauernde Einsichten und Er-
kenntnisse, die auch den nachfolgenden Generationen Orientierung und Hilfe zu geben vermögen. Sie erweitern den
Gesichtskreis, bewahren vor Kurzsichtigkeit und vor dem Ver-
absolutieren der eigenen Ansicht. Jede Generation erlebt diese
Geschichten neu, jede muß ihre eigene Antwort geben. Lesen
ist Aufnehmen von Gedanken, Überlegungen und Assozia-
tionsansätzen, die ein überschießendes Element haben und zur
Auseinandersetzung auffordern. Der Leser gibt den Geschichten je nach Verständnis eine individuelle, vielleicht neue und
unbekannte Deutung.

„Kein Leser zu sein, kann ich mir nicht vorstellen. Die Bücher meines
Vaters, seine Kinder- und Schulbücher, waren meine wichtigste geistige Nahrung, als ich zur Grundschule ging und selber lesen konnte.
(...) Daß man sich belehren lassen, an bereits geklärtem Wissen teilhaben kann, habe ich aus diesen Büchern erfahren (...). Bis auf das Fen-
sterbrett bin ich dem letzten Licht nachgekrochen mit meinem Buch,
um so lange wie möglich weiterlesen zu können."

*Ute Andresen*

## 4. Vermittlungsfunktion

### Über den Zaun blicken

„Es ist seltsam, daß in einer guten Erzählung allemal etwas Heimliches ist – etwas Unbegreifliches. Die Geschichte scheint noch uneröffnete Augen in uns zu berühren – und wir stehen in einer ganz anderen Welt, wenn wir aus ihrem Gebiet zurückkommen."

*Novalis*

Geschichten sind Repräsentanten bestimmter Einstellungsmuster und Kulturen. Sie enthalten vielfach Elemente, die unserem Leben und unserer Gesellschaft fehlen. So kann anderes Gedanken- und Glaubensgut den zumeist einseitig rational ausgerichteten Menschen westlicher Prägung bereichern und in seinen Beziehungsebenen (Ich, Mitmensch, Natur, Gott) sensibilisieren. Lesen bedeutet hier so etwas wie der Wink eines anderen: „Komm herüber! Schau dir etwas Neues an!" Solche Winke kommen manchmal von weither und aus alten Zeiten. Vieles, was heute als neu erscheint, ist eigentlich uralte Erfahrung; oft wird es nur in zeitgemäßen Formen erzählt. Lesen löst und verbindet. Die in Geschichten aufgezeigten Denkmodelle und Verhaltensweisen können zu „Strategien" bei Problemlösungen werden. Sie tragen auch zum Abbau emotionaler Schranken zwischen den Völkern bei und fördern den Frieden.

„Mit Büchern gelingt es, aus der Spanne Zeit herauszutreten, die einem Menschen gegeben ist, wie mit der ,Zeitmaschine' von H. G. Wells in andere Epochen überzuwechseln, Menschen vergangener Zeiten reden zu hören und handeln zu sehen."

*Ernst von Khuon*

## 5. Spiegelfunktion

### In den Spiegel schauen

„In den Büchern trat mir das Leben entgegen, das die Schule vor mir verborgen hatte. In den Büchern zeigte sich mir eine andere Realität des Lebens als die, in die meine Eltern und Lehrer mich pressen wollten. Die Stimmen der Bücher forderten mein Mittun, die Stimmen der Bücher forderten, daß ich mich öffnete und auf mich selbst besann. (…) Das Chaos in mir von unausgegorenen Sehnsüchten, von romantischen Verstiegenheiten, von Ängsten und wilden Abenteuerträumen wurde aus unzähligen Spiegeln auf mich zurückgeworfen … (…) Alle Stadien meiner Entwicklung hatten ihre Bücher."

*Peter Weiss*

Eine Geschichte mit Spiegelfunktion signalisiert unmißverständlich: Das bin ich selbst, das ist meine eigene Geschichte. Bisweilen hat man den Eindruck, ein bestimmtes Buch, eine Geschichte oder ein Gedicht sei nur für einen selbst geschrieben. Der Blick in den Spiegel läßt kein Ausweichen zu, zwingt zur Entscheidung. Man kann nicht so tun, als habe man sein Spiegelbild nicht gesehen. Eine Geschichte mit bibliotherapeutischer Relevanz läßt den Leser im Erkennen, im Betroffensein oder gar Schock nicht allein, sondern hilft ihm behutsam weiter. Lesen trägt – losgelöst von der unmittelbaren Erfahrungswelt – dazu bei, ein distanziertes Verhältnis den eigenen Konflikten gegenüber zu gewinnen. Lesen ermöglicht es, durch veränderte Sicht der Dinge die eigenen Einstellungen und Verhaltensweisen anders zu beurteilen.

„Lesen ist immer ein individuelles Erlebnis. Der Leser beginnt einen Dialog mit dem Autor und, im Falle der liebsten und wesentlichsten Bücher, den Dialog mit sich selbst. (…) Wer liest, wer intensiv liest, wird vom Gelesenen an und in seiner Individualität gepackt. Er wird von dem Text, den ein Einzelner und Individueller geschrieben hat, als Einzelner und Individueller ernst genommen. Fast ist es so, als schriebe er, der Leser, diesen Text vor sich hin, und eben in dieser Bewegung beginnt der Leser sich selbst zu lesen.

*Siegfried Unseld*

## 6. Depotfunktion

### Im Herzen tragen

„Meine Mutter liebte Märchen und wurde, während sie mir Märchen erzählte, selber eine Gestalt der Märchenbücher, Scheherazade der Tausendundeine Nacht. (...) Ihr Gesicht, die aufgeschlagene Schrift, auch ich, wir waren eins (...). Geborgen in einem Zelt. Draußen mochte Wüste sein, der Pol der Polarforscher, wo sie starben, bevor sie ihn erreichten. Die Welt war voller Gefahren. Ich hing an den Lippen meiner Mutter. Ich war vier Jahre alt. Meine Mutter schenkte mir Aladins Wunderlampe. Ich besitze sie noch. Ich habe sie nie verloren."

*Wolfgang Koeppen*

Der Symbol- und Bildgehalt der Geschichten, aber auch ihr konkreter Handlungsablauf, ihre Motive, die Rührung oder Betroffenheit hervorrufen, werden gut behalten und sind in Not- und Drangsalsituationen leicht „abrufbar". Solcherlei „deponierte" Geschichten sind ein beständiger Fundus für die Seele und machen unabhängiger gegen Fremdansprüche. Wer mit einem Geschichtenschatz sozusagen von innen heraus lebt, erliegt nicht der Faszination äußerer Einflüsse, etwa der Medien. Lesen bedeutet hier einen Zuwachs an therapeutischen Bausteinen, auf die in Konfliktsituationen zurückgegriffen werden kann. Die gespeicherten Geschichten können mitten im Alltag vergegenwärtigt werden, sie lassen sich aber auch – der persönlichen Psyche entsprechend – bearbeiten, modifizieren und weiterführen.

„... für mich wurde die Bekanntschaft mit (dem) Indianerbuche ‚Oceola' entscheidend für das ganze Leben. Es weckte in mir die tiefe, starke Sehnsucht, auch einmal etwas ebenso Herrliches schaffen zu können. Dieses Buch bewirkte, daß ich von den frühesten Kindheitsjahren an wußte, daß, was ich in kommenden Tagen am liebsten tun wollte, Romaneschreiben war."

*Selma Lagerlöf*

# 7. Regressionsfunktion

## In die Kindheit fliehen

„Die arbeitsvolle, arme und doch so liebe, schöne Jugendzeit war vor mir aufgestiegen und ließ alle ihre Gestalten, ihre Sorgen und Kümmernisse, ihre Leiden und Freuden an mir vorüberziehen. Der Mensch ist eine gehende Pflanze, deren Wurzeln doch nirgends anders als in der Jugendzeit ruhen. Aus ihr holt er sich noch im spätesten Alter, vielleicht ohne es zuzugeben oder es auch nur zu wissen, eine Menge geistiger Nahrungsstoffe, ohne welche sein Gemüt verdorren müßte."

*Karl May*

In manchen Situationen braucht der Mensch die Rückbindung an die Kindheit. Dies geschieht in erster Linie durch leicht verständliche Geschichten, die in der Regression auf frühere Entwicklungsstufen ein kreatives Angehen der Alltagskonflikte ermöglichen. Das Lesen solcherlei Geschichten spricht die Phantasie und Intuition an. Kindliche, lustbetonte Verhaltensweisen und Einstellungen können wieder aufgenommen werden. Diese Geschichten regen vor allem das bildhafte Denken an; sie bringen zum Staunen und Wundern und schaffen Raum für Utopien. Nicht von ungefähr wird die Literatur der Kindheit heute wieder entdeckt. Über das Kind kann der Erwachsene wieder zu sich selbst kommen, neue Perspektiven sehen und neue Beziehungen wagen.

„Das grenzenloseste aller Abenteuer der Kindheit, das war das Leseabenteuer. Für mich begann es, als ich zum erstenmal ein eigenes Buch bekam und mich da hineinschnupperte. In diesem Augenblick erwachte mein Lesehunger, und ein besseres Geschenk hat das Leben mir nicht beschert."

*Astrid Lindgren*

## 8. Alternativfunktion

### Einen neuen Weg sehen

„... vielleicht kann manchmal ein Buch sagen, was sonst niemand mehr sagt: daß die Liebe keine Grenzen kennt, daß der Mensch auch als Gefangener noch geistig frei bleibt, und daß es unverlierbare Werte gibt, die jedes Menschenleben letztlich wert machen, gelebt zu werden."

*Elisabeth Lukas*

Geschichten machen nachdenklich, bewegen uns, rühren uns im Innersten an, machen uns betroffen, stimmen uns um. Wer solche Geschichten liest, entdeckt neue Möglichkeiten. Lesen bringt auf andere Gedanken, eröffnet neue Sichtweisen, kann zu neuer Sinnfindung und zu einem neuen Lebensentwurf verhelfen. Es bietet Alternativen zu dem Netz, in das sich der Leser verstrickt hat, es befreit aus der Enge. Hier sind vor allem (auto)biographische Lesestoffe geeignet, aber auch Geschichten, die auf verschiedenen Ebenen von der Befreiung des Menschen aus Abhängigkeiten erzählen. Die neue Schau, die der Leser durch Menschen in ähnlichen Situationen gewinnt, kann Ausgangspunkt für ein individuelles Gegenkonzept sein.

„Auf diesen Tag im Krankenhaus zurückblickend, glaube ich, daß kaum ein noch so guter therapeutischer Kunstgriff einen mit der Wirkung dieses Buches vergleichbaren Anstoß hätte geben können. (...) Dieser Augenblick einer ersten Aussöhnung mit mir selbst hat sich in der Zurückgezogenheit des Krankenzimmers vollzogen. Dabei war die unaufdringliche Neutralität des Buches von Rüdiger Teßmann (Die Süchtigen unter uns, Berlin 1973) ein wichtiges Medium, weil es in aller Stille erlaubte, mir selbst gegenübertreten zu können, ohne meinen Rest von Selbstachtung und Würde aufgeben zu müssen."

*Manfred, Alkoholiker*

## 9. Mobilisierungsfunktion

### Den nächsten Schritt wagen

„Bücher sind mehr als ein Mittel, eine müßige, müde Stunde angenehm totzuschlagen. Mehr als ‚Bildung‘. Mehr als Traum, Versenkung, Betrachtung. Jedes Buch hat dir etwas zu sagen. Jedes hat eine Botschaft an dich. Jedes hat dir Kräfte zu spenden. Jedes ist um deinetwillen geschrieben: um dir einen Weg zu zeigen – den Weg zu dir selbst. Das tun selbst solche Bücher, ja gerade solche Bücher, die jede Faser in dir zum Widerspruch aufpeitschen.“

*Carl Christian Bry*

Alle Funktionen von Geschichten laufen – bibliotherapeutisch betrachtet – darauf hinaus, daß der Leser ein ihm gemäßes Gegenkonzept entdeckt und schließlich auch einen Standortwechsel vollzieht. Zwar ist das erste Ziel bibliotherapeutischer Arbeit Einsicht, aber am Endpunkt der Bemühungen steht doch die Verhaltensänderung, ja die veränderte Einstellung. Geschichten dieser Art enthalten in der Regel ein Aufbruch- oder Umkehr-Erlebnis oder die Erfahrung einer Sinneswandlung. Durch das Lese-Erlebnis gerät der Leser so in den Bann der Geschichte, daß er auf dem Weg der Identifikation einen Standortwechsel vollziehen kann. Die mobilisierende Funktion der Geschichte, die darin ihren Ausdruck findet, wird als Überraschung wahrgenommen und löst ein Aha-Erlebnis aus.

„... das Großartigste, was man durch das Lesen von Büchern gewinnen kann, ist das Bedürfnis, mit seinem Nächsten wirklich zu sprechen.“

*Henry Miller*

## 10. Das Buch als Begleiter

„Bücher begleiten uns durch unser Leben. Sie sind Mittel unserer Menschwerdung, sie vertiefen unser Bewußtsein."

*Reinhard Piper*

„Am entscheidendsten wirkt sich das Lesen auf die Entwicklung der menschlichen Persönlichkeit aus, auf unsere inneren Anlagen, die Phantasie, das Gefühl und das Denken."

*Richard Bamberger*

Manche Bücher begleiten den Menschen durchs ganze Leben hindurch. Dazu gehören z.B. die Bibel, Klassiker wie „Robinson Crusoe", Märchen, liebgewordene Geschichten und Gedichte. Sie unterhalten und beruhigen, sie trösten und stimmen fröhlich, sie machen nachdenklich und helfen in schweren Stunden. Immer wieder geben sie dem Menschen neue Antworten auf seine Fragen, hören ihm geduldig zu, nehmen ihn neu gefangen, bewahren seine innigsten Gefühle und Geheimnisse. Sie führen ihn in ferne Welten und bringen ihn dabei doch ganz zu sich selbst. Bücher tragen entscheidend zur Sammlung und Erholung bei. Sie bereichern und vertiefen das Leben. Für zahllose Menschen haben sie sich als unentbehrliches Lebens-Mittel und als treuester Begleiter erwiesen.

„Als Kind ist jeder ein Leser. Werden einem später alle Wünsche erfüllt (und das geschieht nur, wenn man zu wenig Wünsche hatte), dann liest man nicht mehr. Man liest nur, solange man noch wünscht. Solange man noch hofft. Wenn mich das sogenannte Leben einmal zur Strecke gebracht haben wird, wenn ich je einsehen sollte, daß sich überhaupt nichts ändern läßt, dann werde ich sicher auch aufhören zu lesen."

*Martin Walser*

# QUELLENVERZEICHNIS

Bergengruen, Werner: Figur und Schatten. Gesammelte Gedichte I, © Die Arche Verlag AG, Zürich 1958.

Bergmann, Walter: Bücher meines Lebens, © W. Bergmann, Dortmund 1983 (mit freundlicher Genehmigung).

Buber, Martin: Bücher und Menschen, Katholischer Digest, Januar 1954.

Canetti, Elias: Die gerettete Zunge, © Carl Hanser Verlag, Wien 1977.

Dröscher, Vitus B.: Ameisen sind die einzigen …, in: Das Leben besteht aus vielen kleinen Münzen. Postkartenbuch 3, hrsg. von Jürgen Schwarz, © Burckhardthaus, Laetare, Gelnhausen 1979.

Fährmann, Willi: Der überaus starke Willibald, © Arena-Verlag, Würzburg 1973.

Hesse, Hermann: Stufen, in: Ders.: Die Gedichte, © Suhrkamp Verlag, Frankfurt a.M. 1977.

Hoffsümmer, Willi (Hrsg.): Kurzgeschichten 1. 255 Kurzgeschichten für Gottesdienst, Schule und Gruppe, © Matthias-Grünewald-Verlag, Mainz 1981 (Swami Vivekananda, aus: Leiterbrief 182/2, Zürich 1974).

Hofmeister, Ilse (Hrsg.): Fürchte dich nicht: noch immer …, in: Dies.: Lyrisches Rezeptierbüchlein, © Ilse Hofmeister, Druckerei Bauer GmbH, Winnenden und Stuttgart o.J. (mit freundlicher Genehmigung).

Lenz, Siegfried: So zärtlich war Suleyken. Masurische Geschichten, © Hoffmann und Campe Verlag, Hamburg 1955.

Lindgren, Astrid: Das entschwundene Land, © Verlag Friedrich Oetinger, Hamburg 1977.

Peseschkian, Nossrat: Der Kaufmann und der Papagei. Orientalische Geschichten in der Psychotherapie. Mit Fallbeispielen zur Erziehung und Selbsthilfe, © Fischer Taschenbuch Verlag GmbH, Frankfurt a.M. 1979.

Petzold, Hilarion, Orth, Ilse (Hrsg.): Poesie und Therapie. Über die Heilkraft der Sprache. Poesietherapie, Bibliotherapie, Literarische Werkstätten, ©Junfermann-Verlag, Paderborn 1985.

Popp, Georg: Die Großen des Glaubens, © Quell Verlag, Stuttgart 1985.

Sartre, Jean Paul: Die Wörter, © Rowohlt Verlag GmbH, Reinbek bei Hamburg 1965, deutsch von Hans Mayer.

Spaemann, Heinrich: Orientierung am Kinde, © Johannes Verlag Einsiedeln, 6. Aufl., Einsiedeln 1984.

ter Haar, Jaap: Behalt das Leben lieb, © Georg Bitter Verlag, Recklinghausen 1976.

von Volkmann-Leander, Richard: Träumereien an französischen Kaminen, © Verlag Schibli-Doppler, Birsfelden/Schweiz o.J. (Sammlung Dieterich).

Wiemer, Rudolf Otto: Chance der Bärenraupe, über die Straße zu kommen, in: Ders.: Ernstfall. Gedichte, © J.F. Steinkopf Verlag GmbH, 2. Aufl., Stuttgart 1979.

Wilkins, Vaughan: Terra Quivera. Das Land der blutroten Rubine, © Franck'sche Verlagsbuchhandlung, W. Kelar & Co., Stuttgart 1953.